Los Oficios del Escritor Independiente

UN PLAN CON 8 CLAVES PARA AUTOPUBLICAR TU LIBRO CON ÉXITO

Pablo D. Rodríguez

dragonbookcovers.com

Índice

También te puede interesar:

Si quieres ver mi cara y escuchar mi voz, visita mi canal de YouTube

Puedes ver mi trabajo como diseñador gráfico
para autores independientes en mi web:
http://dragonbookcovers.com/

Portadas Perfectas

Descubre los secretos profesionales para crear una portada atractiva y comercial

El primer contacto que tus lectores tendrán con tu obra será la portada de tu libro. Entonces: ¿No vale la pena hacer un esfuerzo para que luzca muy profesional y transmita el mensaje que tu obra posee, de manera clara y contundente? La información es poder y este libro te aportará toda la información que necesitas para que tus portadas luzcan profesionales y vendan más. Visita la página del libro en Amazon

O visita mi página de Autor aquí

Aviso a navegantes:

Al terminar de leer este corto libro puede que te sientas agobiado o incluso que me odies un poco. Tendrás mucho trabajo para hacer y entenderás la gran tarea a la que te enfrentas. Auto-publicar es para valientes y lleva mucho esfuerzo y sobre todo aprendizaje constante. Aunque tranquilo, una vez que dominas el oficio se vuelve un trabajo apasionante.

Durante los años que llevo trabajando en mis propios libros y sirviendo a una gran comunidad de autores cómo diseñador, he aprendido mucho escuchando sus necesidades, observando sus métodos y comprobando sus resultados. En lo personal he tomado mil clases, sigo haciendo cursos y hablo cada día con autores hispano-americanos, ingleses y europeos.

Examinando lo que aprendí en los años dedicados a este oficio veo que he dado forma a un camino personal. La idea de este libro es compartir contigo las técnicas que me dieron resultado a lo largo de los años, aunque algunas de ellas todavía sean un reto para mí. Estoy seguro que mi experiencia te servirá de inspiración pero recuerda que debes encontrar tu propia forma de aplicarlas para que funcionen.

Si hablas con cien autores distintos, al final, tendrás cien formas diferentes de entender las tareas que cada uno realiza a la hora de publicar y comercializar sus obras. Sin embargo estoy seguro de que si terminas de leer este libro, podrás hacerte una muy buena idea de cómo debería verse tu propio método y estoy seguro que la información que obtengas aquí tendrá el potencial de mover tu carrera cómo escritor hasta el próximo escalón.

Ámame u ódiame, pero aprovecha la información de este libro y mueve tu carrera cómo escritor hacia arriba, hacia el próximo nivel. Créeme, el mundo lo necesita.

Soy Pablo Rodriguez, brindo servicios de diseño para autores independientes y además escribo novelas de ciencia ficción.

Sobre esta obra:

Éste libro nace de los libretos que preparé para mi canal de YouTube, así que verás que cada tema está estructurado para ser compartido en video. Aunque lo he transformado para ser publicado en formato libro pues creo que esta información puede aportar mucho a nuestra comunidad. Hay muchos términos que uso en idioma inglés pues se han convertido en el estándar para referirse a ciertas actividades y profesiones, y porque también serán los términos que escucharás cuando hables del tema con otros autores y proveedores de servicios. Considero que necesitas conocerlos para entiendas el terreno en el que pisas. Te entrego todo este material con humildad y de corazón, espero que lo disfrutes y que lo aproveches.

Si quieres darte una vuelta por <u>mi canal de YouTube</u> <u>haz click aquí</u>.

Publicar tu libro en 2021

Cuando acabas la agotadora tarea de escribir tu libro, una sensación de logro cumplido te llena de emoción y te transporta a la cima de las metas conseguidas. Y entonces, desde esa alta cima emocional ves adelante el vacío profundo y oscuro que representan las inevitables preguntas a las que todos los autores nos enfrentamos al terminar de escribir nuestra obra:

¿Qué hago ahora con este mamotreto?

¿Quién, en su sano juicio, va a publicar este ladrillo?

¿Debería auto-publicar y arriesgarme al escarnio, la pobreza y la vergüenza pública?

Por suerte la tecnología ha venido al rescate y la era de la información nos proporciona un abanico muy amplio de posibilidades para pulir nuestra obra primero, y luego para hacerla llegar a los lectores potenciales en todo el mundo.

Algunos años atrás auto-publicar era una profesión con estigma. El gremio de escritores estaba compuesto al 99% por esos autores, siempre pobres, que por obra del destino habían conseguido que una editorial publicara su libro, pero que jamás conseguían vivir de sus publicaciones. El uno por cien restantes eran aquellos autores "exitosos" que vendían miles de ejemplares cada día y que eran el verdadero negocio de las editoriales. Si preguntabas a un autor publicado en los años ochenta, este era todo el panorama posible en la publicación de libros… Claro que existían esos bichos raros que llamaban "autores de garaje", esos que invertían sus ahorros en imprimir y distribuir su propia obra. Pero no se les podía considerar autores reales… Aún hoy en día muchos autores publicados desprecian a los auto-publicados, aunque cuando comparan sus ingresos con los autores indie, empiecen a pensar con cariño en tío Amazon.

Publicar tus propios libros tampoco era bien visto en los círculos académicos, dónde cualquier obra auto-publicada sigue siendo a día de hoy, un trabajo de segunda categoría en el currículo de doctorandos e investigadores.

La idea de que sólo te conviertes en escritor si una editorial invierte dinero en publicar tu obra, es una noción que ha quedado rancia.

Por otro lado, el modelo editorial ha cambiado mucho en las últimas décadas y sin embargo muchísimos autores siguen teniendo la creencia de que únicamente cuando publiquen con una editorial quedarán validados como escritores.

Creo que el problema con esta visión es un problema de enfoque; la mayoría de autores nóveles creen que conseguirán la validación de su trabajo literario a través de encajar en la visión de editores u otros escritores publicados. Este modo de ver su trabajo los lleva a aceptar cualquier tipo de acuerdo y "depender" de una editorial creyendo que así moverán su carrera de amateurs a profesionales. El mayor problema que enfrentan estos autores nóveles es que aún no tienen lo que la editorial necesita para contratarlos: Un estilo súper ventas y una gran audiencia de lectores que sirva de base para lanzar el libro. Así que pasan años persiguiendo el sueño de ser publicados hasta que se rinden y se dedican a otra cosa. Con el peligro siempre presente de caer en las redes de las pseudo-editoriales.

Pero déjame plantearte otra alternativa, un punto de vista que será la columna vertebral de cada capítulo de este libro.

¿Qué tal, si en lugar de encontrar validación en una carrera editorial tradicional que te mantendrá digno pero pobre, encuentras la validación de cientos de lectores que disfrutan con tus escritos, que interactúan contigo y compran tus libros cada vez que salen?

¿Cómo te sentirías si en lugar de cobrar una suma paupérrima una vez al año, pudieras crear un ingreso mensual estable y próspero?

¿Qué te parecería decidir sobre tu obra, tu portada, tu voz de escritor, tu forma de interactuar con tus lectores y la fecha en la que deseas ver tu libro publicado?

Hoy, muchas editoriales (casi todas) sólo publican a autores con plataformas sólidas esperando que el propio autor "mueva" su libro, a cambio montan una corta promoción y una distribución más o menos amplia en librerías.

Este último punto es el más conflictivo para los autores novatos a la hora de auto-publicar pues su libro no estará en la gran librería de su ciudad y no pueden presumir de ello, qué es para lo único que sirve.

Creo que, poniendo todo el trabajo sobre la mesa, (un trabajo que tendrás que hacer de todas formas aunque publiques por editorial) hoy en día publicar a través de un contrato editorial es un mal negocio si sueñas con ganarte la vida con este oficio. Personalmente prefiero pasar por todo el aprendizaje y retener el control sobre mi obra y mis ganancias. Prefiero encontrar validación en cientos de lectores encantados con mi trabajo, en lugar de buscarla en los escritores "publicados" y en ver mi libro en las librerías por unos días.

En la última década y con la aparición de plataformas cómo Amazon, el negocio de la auto-publicación ha sido por fin elevado al lugar que merecía; cientos de autores han conseguido crear carreras exitosas vendiendo sus propios libros al mundo. Aunque hay que admitir que otros miles de autores también publican sus obras en Amazon y no logran vender un pimiento.

La enorme incógnita que se me presentó al inicio de mi camino cómo escritor fue entender por qué algunos autores prosperaban mientras que otros tantos fracasan estrepitosamente cada día.

Lo que encontré es que la mayoría de escritores se acercan a la auto-publicación de sus libros de la misma manera que se acercan a la publicación editorial. Ya escribieron su libro y esa es la parte importante, luego solo se dedican a aprender superficialmente lo que la plataforma les pide para que su libro quede publicado y confían en que su "magnífica obra" se haga un lugar en los corazones de los lectores por su pura calidad literaria; creyendo a ojos cerrados que algún tipo de efecto llamada o publicidad boca a boca les traerá el éxito final. Se aferran a la vieja falacia: *"Lo que vende un libro es la calidad de la obra y no todos esos trucos de vendedor de tele-tienda"*

Así que su libro, luego de vender unas decenas de ejemplares entre amigos, familiares y lectores incautos, se hunde en lo profundo de las estanterías virtuales de Amazon dónde convive con cientos de obras de autores que tampoco entendieron la necesidad de trabajar cada día para que su libro llegue a las manos de sus lectores potenciales.

Entiende que si quieres tener una carrera cómo autor, escribir tu libro es sólo la primera parte del negocio. La segunda parte es tan importante como la primera y consiste en aprender todas las técnicas de publicación, edición y marketing que necesitas aplicar para que tu libro se venda en el mercado actual, en este momento de la historia, con la tecnología dominante y entre los miles de libros que son publicados cada año.

Auto-publicar tu libro será un trabajo enorme y agotador al principio, lleno de momentos de estrés, fracasos y decepción. Pero se hace más fácil con el segundo libro y aún más con el tercero. Y cuando ya dominas el oficio, publicar tu propio libro se convierte en una tarea natural, apasionante, llena de emociones y recompensas. Hay que pagar el precio de aprender y equivocarse hasta lograrlo, pero te aseguro que vale la pena. Totalmente vale la pena.

Mi idea al publicar esta corta guía es hacer más fácil tu trabajo, compartiendo mi proceso de auto-publicación y poniendo en orden las tareas imprescindibles que funcionaron con mis libros y que necesitarás para auto-publicar tu obra actual, garantizando una base sólida sobre la que cimentar tus esfuerzos de marketing.

Auto-publicar tu libro no es una ciencia exacta, multitud de factores personales influirán en la forma en que escribirás tus libros y luego en la forma en la que los pondrás a disposición de tus lectores. Así que la información que comparto contigo en este libro deberá ser filtrada y aplicada según tu propio criterio, carácter y creencias.

Lo cierto es que en la mayoría de las ocasiones los autores caemos en una "parálisis por análisis" cuando nos enfrentamos a todo lo que debemos hacer para auto-publicar con cierto éxito.

Este libro nace para poner en orden las mil ideas y estrategias que aprendí y probé en los últimos años.

Un intento de ordenar la información de las decenas de seminarios, webinars y cursos a los que asistí; sin dejar de lado las decenas de libros que leí sobre el tema. Creo que compartiendo mi perspectiva y algunos procesos que uso en mis publicaciones puedo enriquecer tu carrera como escritor auto-publicado.

No te explicaré en detalle cada proceso de los que menciono en el libro, pues hay miles de horas de video en la red y decenas de libros que lo explican con mucho detalle. Más bien te contaré cuál de estos procesos, me ha funcionado mejor e intentaré darte una secuencia lógica, con acciones concretas para que equilibres tu tiempo de escritura con un plan accesible de edición, publicación y venta de tus libros y que tu arte no se resienta por todas las tareas que deberás acometer. Al final tendrás un producto (tu libro) muy pulido y listo para ganar más dinero con tus ventas.

Intentaré hablarte sinceramente, desde mi propia experiencia y lo más directo posible; en ocasiones seré también un poco borde. Ten en mente que un libro cómo este, que contiene fórmulas y estructuras para conseguir unos objetivos, ha de ser por fuerza didáctico y explicativo; aunque mi intención es compartir mis experiencias de igual a igual. Así que se paciente conmigo, perdona mis salidas de tono y lee el libro hasta el final, pues si puedo dejarte tan solo una idea que ayude a mover tu carrera de autor un paso hacia delante, habrá valido el tiempo que invertiste en leerme. Estoy seguro que encontrarás muy valiosa cada sección de este libro.

Así que, sin más rodeos, déjame contarte cual es mi visión sobre los oficios que un escritor independiente debe trabajar con excelencia.

¡Que la fuerza te acompañe!

Video 1

6 Razones para NO auto-publicar y 6 razones por las que amarás hacerlo

¿Estás pensando en auto-publicar tu libro y no sabes si es una buena idea para tu carrera?

La respuesta corta es: "Si, puede ser una gran idea…" pero recuerda:

Escribir en una vocación, pero publicar es un negocio.

Cómo escritores lo que nos interesa sobre todo es que nuestro libro llegue a las manos de nuestros lectores. Pero deberías evitar la visión romántica de éxito instantáneo o esos pensamientos tipo: *"mi libro cambiará el mundo y alcanzará a las masas con un mensaje tan especial que…"* Ya me entiendes.

Tu primer libro no será tu mejor libro. Tu mejor libro siempre será el próximo libro…

Es decir: la excelencia en el oficio de escribir sobre todo se logra escribiendo mucho… Y también leyendo mucho.

Puedes convertirte en un autor sin la necesidad de leer libros de otros autores, pero si quieres ser bueno debes leer a otros con pasión.

Sin embargo, cuando hablamos de auto-publicar, escribir bien no es suficiente y deberás entrenarte para conseguir que tu libro cumpla lo mejor posible con todos los **procesos clave** de los que hablaremos en esta serie, pues un buen libro mal presentado es un libro olvidado...

Recuerda: "Escribir es un arte, publicar es un negocio"

Auto-publicar tu libro significará aprender mucho sobre muchas áreas distintas: SEO, Edición, Ortografía, Gramática, Redes sociales, Marketing, Video, Diseño, Empresa, etc.

Pero no para hacerlo todo tú mismo, sino para poder rodearte de la gente correcta que te entregue los resultados que realmente necesitas, así tu libro estará preparado para la enorme competencia que hoy en día tendrás en las plataformas de venta online.

Tiene que apasionarte este tema, pues de otra manera te abrumarás y abandonarás tu intento de convertirte en autor independiente.

Si sólo quieres escribir y nunca lidiar con los entresijos que lleva publicar tus obras, es mejor que consigas un trato con una editorial que haga todo lo demás por ti, pero cuidado:

Si tienes que pagar para que te publiquen, o si tienes que encargarte de la promoción y de "mover tu libro", no estás tratando con una editorial, es una imprenta con una distribuidora y casi siempre los resultados son escasos.

Y si encima de todo lo anterior, tienes que distribuir los libros tú mismo, mientras ellos se quedan con la mitad de tus ingresos… Has caído en una trampa.

Para ser una autor independiente de éxito necesitas ser cómo Juan Palomo: ***"Yo me lo guiso y yo me lo como"*** No hagas el guiso para que se lo almuercen otros…

Recuerda: La auto-publicación es un negocio, tu libro es un producto y tus lectores son tus clientes. La clave para permanecer en el negocio, es proveer a tus clientes con productos que sobrepasen sus expectativas cada vez.

En este capítulo me centraré en Amazon cómo ejemplo pues es la mayor plataforma de venta de libros del mundo. Amazon tiene el 83% del mercado mundial de ebooks, si eres nuevo en este mundo de la auto-publicación debes empezar en Amazon.

6 razones para NO auto-publicar tu libro

1 – Tu libro no estará en las librerías. Si vas a auto-publicar, tu mejor opción por mucho es Amazon, y ésta es una plataforma digital, así que la idea romántica de que verás tus libros en el *Corte-Casadel-Inglés*, no será una opción.

2 – Debes trabajar mucho en muchas áreas que no son puramente escribir. Y cuando termines y publiques tu libro será sólo el principio del proceso. Deberás trabajar mucho también en la comercialización y

promoción de tu libro o todo habrá sido en vano. (Aunque hoy por hoy pasa lo mismo con las editoriales y los autores novatos)

3 – Amazon es y será el dueño de tu base de lectores, nunca sabrás quién, dónde ni porqué tus lectores compran tus libros. Nunca jamás podrás contactar con ellos… A menos que busques la forma de crear tu propio canal de contacto.

4 – Las reglas de Amazon (y de las otras plataformas) pueden cambiar en un instante y dejarte fuera del juego. Los precios, las políticas de contenido, todo está en manos de Amazon. No es tu negocio y no tienes derecho al pataleo.

5 – Serás cómo Juan Palomo… Tu carrera y las ventas de tus libros dependerán al completo de tu mentalidad empresarial y tu trabajo duro. Si eres de los que solo quieren escribir y prefieren encontrar a otros que se ocupen del negocio de vender sus libros, auto-publicar no es una buena idea para ti.

6 – Un libro nunca será suficiente para ganarte la vida con las ventas. Deberás crear una carrera de autor y publicar frecuentemente para no hundirte en el olvido digital de la plataforma.

6+1 – Existe la creencia de que las editoriales suelen descartar a los autores que auto-publicaron sus libros en el pasado. Esto es falso, el problema es que muchos editores y escritores "rancios" todavía entienden la auto-publicación como el camino del escritor fracasado. Pero si has auto-publicado y estás vendiendo muy bien tus libros, las editoriales se fijarán en ti y te contactarán. Ahora: sé sincero en esto ¿Querrías entregar el control de tus ventas y dos terceras partes de tus ganancias a una editorial que jamás podrá garantizarte un mejor resultado que el que ya tienes? ¿Por qué lo harías? ¿Por prestigio? ¿Por taparle la boca a los que no creyeron en ti?

Un autor que vende muy bien sus libros en Amazon, no se plantea publicar sus obras con "empresas buitre", ni siquiera con editoriales grandes, pues simplemente **los resultados no se equipararían con los que ya está obteniendo.**

6 razones por las que SI deberías auto-publicar.

1 – Tus lectores están aquí: Auto-publicar es un negocio multi-billonario y la cantidad de lectores dispuestos a comprar tu libro en Amazon es tan enorme, que no te puedes dar el lujo de jugarte tu carrera con distribuciones locales, campañas de promoción pasadas de moda o editoriales de medio pelo que te pagarán a un año vista y sin mucha información sobre quién, cuándo y cómo ha comprado tu libro. En 2019, Amazon vendió el 83% de todos los ebooks que se vendieron en el mundo. Amazon prime tiene 100 millones de clientes con su tarjeta de crédito lista para comprar en su base de datos. Y recuerda que no necesitas millones de ventas para vivir muy bien de la publicación de tus libros, para muchos de nosotros

es cuestión de encontrar sólo 1000 lectores fieles que compren una y otra vez nuestras nuevas obras.

2 – No pasarás por el filtro de una editorial que sólo ve en ti el dinero que puede sacar por tu libro:

Auto-publicar es el camino de menor resistencia. En este año, con los confinamientos y el cierre de librerías, las editoriales han visto sus negocios tambalearse y ya no apuestan por autores nóveles o principiantes. Así que la mejor manera de crear una carrera cómo autor es publicar tus libros en la mayor librería del mundo sin barreras y sin filtros.

Esto no significa que publiques libros de mala calidad pues el filtro en Amazon son los propios lectores y si no te esfuerzas para dar un contenido de buena calidad, lo notarás de inmediato en las reseñas.

3 – ¡Publicar es gratis! Y además también tendrás una versión impresa de tu libro sin pagar un centavo por la producción. Es cierto: Amazon NO te cobra por publicar tu libro, sólo se cobra una comisión por cada venta. Lo único que necesitas hacer para acceder a este mercado es aprender cómo funciona la plataforma y subir tu material a sus estanterías.

De las opciones de venta el eBook será tu mejor aliado, casi todos venden más en este formato. Pero también dispones de la opción de impresión bajo demanda que significa que tu libro puede ser impreso por el propio Amazon, con una calidad muy buena, y enviado directamente a tu lector sin que tengas que hacer nada, ni pagar dinero por anticipado, ni tener stock o tener copias detrás del sofá de tu casa que no sabes si vas a vender algún día.

4 – Las ganancias por las ventas de tus libros en Amazon son muy superiores a las que tendrías en cualquier editorial del mundo, incluso las editoriales más grandes.

Amazon paga entre el 35 y el 70% de la venta de tu libro, con informes detallados de ventas que te permiten saber cuántos libros vendiste al instante y con la ventaja de que empieza a pagar estas comisiones a los 60 días directo en tu cuenta, en lugar de pasado un año cómo en cualquier editorial. Las reseñas y la información de formatos y mercados son herramientas que no tienes con una editorial y que te servirán para enfocar mucho mejor tus esfuerzos de marketing.

5 – Amazon Adds es un concepto brutal. De hecho, los que se han tomado el tiempo de aprender cómo funciona, lo llaman la máquina de hacer dinero. Este sistema de anuncios te permite pagar para poner tu libro delante de una selección muy específica de lectores ideales, en tu género, en tu categoría y aquellos que ya han comprado libros muy parecidos al tuyo. La curva de aprendizaje es alta y difícil para aprender, pero si te tomas esta herramienta en serio puedes fácilmente duplicar el dinero que invertiste en el anuncio con las ventas que el propio anuncio genera y ganar impulso para que tu libro pueda venderse a

través de la promociones orgánicas que Amazon pone a tu disposición. Además de entrenar a la red neuronal del gigante para que perciba tu libro cómo valioso-vendible y lo promocione a más lectores sin coste para ti.

6 – Tu contenido puede ser actualizado en cualquier momento: Portada, correcciones, segundas ediciones, enlaces dentro del libro, sinopsis, texto de ventas… Lo único que no puedes cambiar es el título y el tamaño de impresión.

6+1 – Si eres un emprendedor y si lo que buscas es promocionar tu negocio publicando un libro con una solución específica o un método que ayudará a tus potenciales clientes; ser autor y tener un libro publicado te dará una enorme autoridad cómo experto en tu área y atraerá a muchos clientes potenciales.

Si has meditado en los pros y contras que compartí en este capítulo y estás decido a auto-publicar, entonces acompáñame a las siguientes páginas pues te contaré con detalle todos los pasos clave y cada proceso que necesitas completar para que tu libro luzca profesional y enamore a tus potenciales lectores.

En el próximo capítulo te daré la lista de las 8 Claves Prácticas para auto-publicar tu libro con éxito.

Video 2

Las 8 Claves prácticas, un repaso de todo lo que necesitas hacer para publicar tu libro con éxito.

¿Estás pensando en auto-publicar tu libro pero te abruma la cantidad de cosas que debes hacer?

Cómo dijo mi amigo Julio Cesar:
"Divide y Auto-publicarás"

En este capítulo hablaré sobre los ocho procesos clave en los que tendrás que trabajar para que la publicación de tu libro sea todo un éxito.

Aunque cada persona tiene su definición de éxito, créeme si te digo que la cantidad de libros vendidos por el promedio de los autores en Amazon es muy baja para ser considerada cómo exitosa. También es cierto que un número creciente de autores empiezan a ganarse muy bien la vida vendiendo sus libros en la plataforma digital.

¿Cuál es la diferencia entre los exitosos y los otros? La mayoría de los autores independientes "mal publican" sus libros y luego esperan que la plataforma los promocione y los venda. Quedan bloqueados mentalmente ante la cantidad abrumadora de tareas que conlleva publicar un producto de calidad *(si, dije producto)* y al terminar el agotador proceso de publicación, se quedan sin fuerzas para encarar una promoción tan extenuante cómo necesaria.

El proceso de publicación puede ser muy estresante y agotador las primeras veces, pero no más que cualquier habilidad o carrera en la que necesites dominar habilidades nuevas. Y también es cierto que si se supera el proceso de aprendizaje con la vista puesta en la meta final, todo empieza a ser mucho más natural y fluido. Es entonces cuando empiezas a ver los frutos de tu trabajo.

En esta serie de videos me centraré en los pasos clave para publicar en Amazon, cómo ejemplo principal, pues es la mayor plataforma de venta de libros del mundo, dominando el 83% del mercado mundial de ebooks con 560 millones de ebooks vendidos en 2018 y casi 150 millones de clientes Prime en el mundo, que compran libros en un click y lo reciben al día siguiente.

Este año Amazon ha dado también pasos enormes para expandir su mercado a América Latina, con la mira puesta en un mercado potencial de 500 millones de personas conectadas a internet.

Si eres nuevo en este mundo de la auto-publicación debes empezar en Amazon. Hay otras opciones pero para aprender y dominar las habilidades necesarias el mejor sitio es la plataforma de KDP. Es algo así cómo Windows y Linux, si entiendes lo que digo (¡Aj! Apple... ¡Dios no lo permita!)

Entonces hagamos una lista de los ocho procesos clave que los autores debemos trabajar de la mejor manera posible, para que la publicación nuestro libro sea un éxito. Este video te servirá para tener una idea general del proceso y en los próximos videos desarrollaremos cada clave en profundidad.

Clave 1: Tu Audiencia, tu lector ideal y tu plataforma de autor.

Si no sabes para quien escribes, no podrás cumplir sus expectativas y tu libro tendrá muy poco recorrido. Crear una plataforma de autor para recibir a tus lectores y seguir en comunicación con ellos es TOTALMENTE básico.

¿Cuándo debes trabajar en esto? Mucho antes de terminar de escribir tu libro.

Clave 2: Tu contenido, Cómo mejorar tu estilo cómo escritor casi de inmediato.

Tu libro deberá estar muy pulido, revisado, corregido, ser coherente y estar escrito para el mercado que deseas servir. Recuerda que escribes para servir a tu lector. Es para ellos no para ti. Conocer tu género y tu categoría te servirá para saber las palancas emocionales que debes tocar, que clichés usar y como expresarte con tu propia voz para crear una experiencia de lectura que deje a tu lector muy satisfecho y con ganas de leer más de tus obras.

¿Cuándo debes trabajar en esto? Mientras estás escribiendo y corrigiendo tu libro.

Clave 3: *El título de tu libro y las palabras clave.*

El título es crucial, elegir un mal título puede hundir todas las posibilidades de vender tu libro. Estudia tu género y categoría, lee libros de otros autores, examina los libros que mejor se venden y encontrarás la forma de crear tu mejor título. **Hazlo corto y con gancho.**

¿Cuándo debes trabajar en esto? Mientras estás escribiendo y corrigiendo tu libro.

Clave 4: *Portada y maquetación interior, el Diseño Gráfico que tu libro auto-publicado necesita.*

La portada es el paquete por el que el potencial lector juzgará tu libro y con suerte lo comprará. Una portada amateur enviará el mensaje de que tu contenido es amateur también y adiós ventas.

El diseño de la maquetación interior debe ser lo más simple posible. Agregar imágenes o filigranas interminables puede distraer y perjudicar enormemente la experiencia de lectura. Esto produce que el libro no se termine de leer y que la reseña sea negativa.

Recuerda: El primer capítulo venderá tu libro, el último capítulo venderá el siguiente libro.

¿Cuándo debes trabajar en esto? Mientras estás corrigiendo tu libro.

Clave 5: Optimizar la página de ventas: Cómo educar a Amazon para vender tu libro (1ª parte)

No uses el espacio de tu texto de venta en la página de Amazon como un Curriculum Vitae.

Este texto es el arma de ventas más importante después de la portada. Usa las técnicas de textos para venta que compartiré pero sin vender humo o mentir.

¿Cuándo debes trabajar en esto? Luego de corregir tu libro.

Clave 6: Categorías y Palabras Clave: Cómo educar a Amazon para vender tu libro (2ª parte)

Amazon es un buscador online y hay que tratarlo como tal. Trabaja mucho encontrando los subtítulos SEO más adecuados para tu libro y encuentra las palabras clave de cola larga que Amazon necesita para mostrar tu libro orgánicamente a tus lectores potenciales.

¿Cuándo debes trabajar en esto? Luego de corregir tu libro.

Clave 7: Cómo y Dónde publicar tu libro. Ebooks, Impresión bajo demanda, imprentas, Registro de propiedad e ISBN

Hablaremos sobre Amazon y otras plataformas, empresas de servicios y la diferencia con las "Pseudo-editoriales". También hablaremos de las Imprentas. Te contaré mi punto de vista sobre el Registro de la Propiedad Intelectual, ISBN, etc.

¿Cuándo debes trabajar en esto? : Luego de corregir tu libro.

Clave 8: Marketing para autores – Vendiendo libros con estrategias que si funcionan

¿Es esencial hacer un Pre-Lanzamiento? ¿Usar Redes sociales o no? Hablaremos sobre estos temas y te daré una secuencia de promoción que funciona.

¿Cuándo debes trabajar en esto? Por lo menos un mes antes del lanzamiento de tu libro.

Estos son los 8 procesos básicos que deberás aprender a manejar como un profesional y pulir mucho antes y después de publicar tu libro.

En los próximos videos entraremos en detalle en cada uno y te contaré todos los secretos que necesitas para auto-publicar con éxito.

Video 3
Clave 1: Tu Audiencia, tu lector ideal y tu plataforma de autor

¿Estás pensando en auto-publicar tu libro pero no tienes idea sobre quien es tu audiencia ni cómo llegar a tus lectores ideales?

En este video te contaré cómo definir a tu lector ideal y porqué es importantísimo que escribas para una audiencia específica.

DEFINE A TU LECTOR IDEAL ¿Quién leerá tu libro?

Tu lector ideal es el típico lector de contenidos e historias como las que tú escribes. Es el estereotipo de un grupo demográfico muy específico y determinado. Es la persona ideal dentro de tu nicho de mercado a la que deseas servir con tu obra.

Debes conocerle, debes entenderle y debes servirle.

Escribes para esa persona, tu objetivo es conectar con su mente, hablarle a sus emociones y al final cambiarle la vida... Aunque sea un poco.

El tiempo que inviertas en conocer a tu lector ideal será el mejor invertido de todos. Éste es el propósito de tu trabajo literario.

Aquí te dejo algunas de las nociones básicas que pueden ayudarte a identificar a tu lector ideal. Sé específico en tus respuestas, no se aceptan vaguedades o generalizaciones

1. Defínelo con una sola palabra si puedes. (Aventurero, Emprendedor, Viajero, Cocinero, etc.) *"Escribo libros para gente que es..."*

2. ¿A qué genero de personas va dirigida tu obra?

3. ¿Entre que edades?

4. ¿En que gasta su dinero? ¿De qué trabaja?

5. ¿Dónde vive? (un país, una región, una ciudad)

6. ¿Qué idioma habla?

7. ¿Lee por afición o busca información?

8. ¿Qué tipo de película, serie, documental vería en el cine y cual en casa en el sofá?

9. ¿Qué expectativas tiene en la vida? ¿Que busca? ¿Qué problemas enfrenta?

Recuerda que tu lector ideal no eres tú.
Puede que encuentres varios tipos de lector ideal. No te frustres y continúa escribiendo tu libro con este público en la cabeza. Poco a poco tu estilo de escritura se definirá claramente.

Toma una hoja de papel y escribe sin miedos todas las características que has encontrado y otras que se te ocurran sobre tu lector ideal. Luego resúmelo en forma de un solo párrafo. Este párrafo será tu guía a la hora de escribir y dar servicio a tu público objetivo. No lo pierdas de vista y renuévalo si es necesario. Los beneficios de estar centrado en tu lector ideal son incalculables.

Ahora conoces "quien" es tu lector ideal, trabaja para esa persona con dedicación y enfoque. Piensa en qué desea, qué necesita, que emociones intenta conseguir.

Encaríñate, hazte amigo/a de tu lector ideal y entiende de una vez que trabajas para su beneficio. Cuanto más valor aportes a su vida y mejor le hagas sentir, más recompensas tendrás como escritor y creador de contenidos. Tu enfoque será máximo y podrás crear contenidos cada vez más interesantes para tus potenciales fans.

¿Qué es una plataforma de Autor?

Una plataforma de autor elimina las barreras para que tus lectores te descubran. Es el conjunto de herramientas y recursos que usa un autor para conectar con la audiencia correcta de sus lectores potenciales.

Es visibilidad para el escritor y su obra.

Es muy difícil crear una plataforma de autor para obras que aún no existen. ¡Debes terminar de escribir y publicar tu primer libro!

Se crea mientras tus primeros libros están siendo publicados e interactuando con tu audiencia real actual y con los lectores potenciales que debes contactar en el proceso.

¿Qué elementos componen una Plataforma de Autor?

Cada persona y cada carrera de autor son distintas, así que entre otras cosas éstos son los elementos más comunes que componen una plataforma de Autor:

- Website o Blog (o Video Blog, piensa que YouTube es el segundo buscador después de Google) Usa tu nombre, no el título de tu libro, pues luego, cuando escribas más libros, tu nombre será tu marca.

- Un sistema de leads y/o un embudo de ventas de libros bien pensado y que funcione.

- Lista de Email (para email marketing) Relacionarse directamente con tus lectores usando servicios cómo Mailchimp. El objetivo es crear una lista de gente que se suscriba y acepte recibir tus actualizaciones y ofertas a cambio de recibir algo de mucho valor (generalmente un info-producto creado para cubrir una necesidad específica de tu audiencia) Piensa en tu estrategia, en lo que obtiene tu lector. No cuentes tu vida. Para atraer lectores a tu lista usa Reader Magnets, Giveaways, Sorteos, etc.

- El primer libro de todas tus series tiene que servir para te conozcan, debería ser gratis o a 0,99.

Elimina las barreras para que tus lectores te descubran.

- Los Book Tráiler son muy buenos para mostrar tu libro, pero no imprescindibles.

- La calidad es esencial, tu portada, la edición interior, la corrección, la sinopsis y el texto de ventas son activos básicos para tu libro, si estos elementos no son profesionales y muy cuidados todos los demás esfuerzos publicitarios resultarán mucho más difíciles.

- El número de libros necesarios para ganarse la vida con una carrera de escritor es *generalmente* **entre 12 y 20 buenos libros.** Un "buen" libro es aquel que conecta con tu lector a un nivel emocional, entretenido, educativo, sorprendiendo, consolando. Y con muy buen trabajo de marketing detrás de cada lanzamiento. Por eso debes estudiar todo lo que puedas sobre Book Marketing y cómo funciona Amazon y aplicarlo a tu plataforma de autor desde el principio, mejorando con cada libro y con cada lanzamiento hasta pulir tu método al máximo.

- Si en cambio decides basar tu campaña de marketing en las redes sociales o quieres que sea una gran parte de tus esfuerzos de ventas, deberías pensar en tener una base de aproximadamente 10000 seguidores para poder llegar a la audiencia mínima para que tus ventas empiecen a notarse. Tus lectores potenciales están en las redes, pero no van a las redes sociales a comprar, van a informarse, relajarse, relacionarse y divertirse; si tu mensaje es "¡Compra mi libro! ¡Compra mi libro! ¡Compra mi libro!" el efecto sobre tus seguidores será de rechazo. Usa un agregador-programador para la redes sociales, así una vez al mes (o a la semana) programarás todas tus publicaciones y haz que estas entreguen valor percibido real a tu audiencia. Recuerda que tus redes sociales son siempre un gran refuerzo pero no pueden ser toda tu estrategia.

- Puedes vender más si inviertes en publicidad (Amazon Adds y Facebook Adds) pero recuerda que la curva de aprendizaje para saber capitalizar tu inversión en anuncios es difícil y requiere mucha prueba y error. (y mucho dinero)

- Desafíate a hacer una promoción por mes para uno de tus libros. No dejes que tu audiencia te olvide.

- Si tienes pocos libros usa Kindle Unlimited para todos todo el tiempo. Es casi obligatorio pues expondrás tu obra a los lectores reales e ideales de Amazon y entrenarás a la plataforma sobre qué perfil de lector compra tu libro.

- Si envías ediciones impresas a influencers o bloggers, envuélvelos en color, con lazos y moños, con extras y sorpresas, que tu paquete sea el que deseen abrir primero y que la impresión sea de mucha calidad y atención al detalle.

- Crea relaciones con otros autores, reseñadores e influencers. Participa en un mastermind de autores sobre auto-publicación y márketing editorial (o créalo tú mismo). Pero nada de grupos de crítica literaria, grupos para mejoramiento de estilo o grupos de promoción cruzada; casi todos estos grupos terminan siendo un lugar para gente criticona y que gusta perder el tiempo. Si necesitas ayuda con tu estilo paga una clase con un buen profesional; alguien que ya tenga resultados y nunca a un auto-denominado profesor que jamás publicó un libro por sí mismo. Recuerda que terminarás siendo el promedio de las cinco personas de tu vida con las que tienes más contacto. Elige bien qué y a quien dejas entrar a tu mente y a tu corazón.

- Busca quien es tu "competencia directa" en tus categorías en Amazon. Contáctalos con una propuesta de colaboración. (Joint venture) Una promoción cruzada entre las audiencias de cada uno puede aumentar tu plataforma y tus ventas de manera enorme. Pero recuerda que la idea es llegar a ellos con una propuesta atractiva también para el otro autor; si no tienes una plataforma de autor ni tienes audiencia no esperes que alguien que se pasó años creándolas te de exposición sin recibir nada a cambio. Piensa en qué puedes dar y que beneficio obtendrá el otro también.

- Consigue entrevistas, colaboraciones, blog tours. Siempre pensando en lo que puedes aportar a la audiencia de tu anfitrión. Muestra que eres un autor de valor, dando valor…

- Crea un Review Team dentro de tu lista, dónde tus lectores cero puedan ayudarte a corregir y estén preparados para dejar una reseña el día del lanzamiento. Deben ser personas que perciban que los tratas especialmente y que les aportas mucho valor en exclusivo. Selecciónalas con atención, pero nunca les cedas el control de tu carrera o tu estado emocional a nadie. Seguro de ti mismo y de tu obra, escucha a las críticas de tus "lectores especiales" y aprenderás cosas que ayudarán a que escribas mejor, descubrirás detalles para cambiar en la presentación, errores que pasaste por alto en la trama o en la continuidad. Pero filtra todo lo que sea traumas, debilidades y complejos personales de esos lectores problemáticos, que seguro aparecerán.

- Usa Google play (pon un libro gratis) para atraer lectores a tu lista de emails o embudo de ventas.

- Agrega enlaces que permitan a tus lectores actuales llegar a tus otros libros. Estos enlaces deberían ir al principio y al final de todos tus libros.

- Crea un Kit de Prensa para tus lanzamientos. Con Fotografías de tus libros y tuyas, una muestra de tu libro, todos los enlaces a tus webs y redes sociales

- Crea una lista relacionada con tu género y categoría que contenga a todos los Influencers, los blogs, los canales especializados y websites, grupos de facebook, twitter, Instagram, etc. No dudes en enviar información, pero no seas pesado. No importa si no te hacen caso.

¿Cuándo debes trabajar en esto? : Mucho antes de terminar de escribir tu libro.

Estos son algunos de los activos y trabajos que todo autor debe tener y hacer si quiere crear una audiencia real que le ayude a alcanzar un volumen de ventas que le permita vivir de sus publicaciones. En el próximo video hablaremos sobre como podrías estructurar tu libro para que tus lectores potenciales se enamoren de tus historias o de tu contenido.

Video 4
Clave 2: Tu Contenido, cómo mejorar tu estilo cómo escritor casi de inmediato.

Sí… Ya lo sé… Tú no necesitas que nadie te diga cómo escribir y además de eso, tienes una idea para tu libro que cambiará el mundo y…

En este video NO te diré cómo debes escribir. Tu estilo y tu voz son únicas, pero hay un secreto que necesitas utilizar para que la conversación con tus lectores sea lo más clara posible y para conectar emocionalmente con ellos.

Fundamentos para encontrar tu voz como escritor

El secreto del que hablo está compuesto de dos elementos principales, tu voz y tu deseo de servir.

Tu voz es el estilo depurado y la forma particular que tienes de expresarte y comunicarte con tus lectores en las páginas de tu libro. Tu voz es única, es tuya y es reconocible por aquellos que te leen. Debes intentar encontrarla, forjarla como si fuera tu mejor herramienta y cuando la tengas, usarla tan naturalmente que parezca que es una habilidad innata. Pero sólo tú conocerás las batallas que luchaste para conseguirla

En cuanto a tu deseo de servir me refiero a que tu obra literaria deje de ser un proyecto de reafirmación personal o deseo de atención y pase a ser una búsqueda sincera sobre la manera de dar a tu lector la experiencia o solución que está buscando.

Estos son algunos de los consejos que me han servido a la hora de alcanzar este objetivo.

- Escribe para lector y tu mercado, no para ti. Piensa cómo escribir más y mejor cada vez solo para dar a tus lectores lo que están esperando y sorprenderlos con experiencias y soluciones.

- No escribas libros de géneros que no conozcas o que no resuenen con tu pasión, porque pienses que se venderán mejor. ¿Parece obvio, no? Tus lectores vienen con un detector muy fino de "postureo" y si no sientes pasión por lo que escribes o por la solución que estás compartiendo, no vas a entusiasmar a nadie. Lo notarás en las ventas pero sobre todo en las reseñas.

- No escribas lo que tú quieras sin pensar en tus lectores y luego te la pases suplicando en todos los foros de Facebook: *"Por favor, compra mi libro, que no cubre tus expectativas pero que está escrito con mucho amor…"*, *"Apoya mi carrera de escritor aunque no escriba lo que tú querías leer…"*, *"Deja una reseña en Amazon de mi libro y que sea de cinco estrellas…aunque mi libro fue un gasto inútil de tu tiempo y dinero"* ¿No consigues lectores?, deja de ponerte a ti en el centro de tu carrera y ponlos a ellos…

- Estudia la mejor forma de estructurar tus contenidos en base a lo que tu lector espera: Storytelling, el camino del héroe, Story Engines, Los siete pasos del script writing y todo lo que te caiga en las manos… Encuentra la mejor manera para llegar al corazón de tu lector, contundente y con coherencia. Hablaré más sobre esto en un próximo video

- Tus lectores conectarán con tu estilo, con tu voz y crearás fans antes de hacer ninguna acción de marketing.

- Tu contenido: Tu libro deberá estar muy pulido, revisado, corregido, ser coherente y estar escrito para el mercado que deseas servir. Recuerda que escribes para servir a tu lector. Es para ellos, no para ti.

- Conocer tu género y tu categoría te servirá para saber que palancas emocionales tocar, que clichés vas a usar y como expresarte con tu propia voz para crear una experiencia de lectura que deje a tu lector muy satisfecho y con ganas de más contenidos tuyos.

- Separa tiempo para escribir, hazlo divertido para ti, es tu momento de conexión con las musas, escucha música, diviértete, llora, sufre. Toda emoción que sientas al escribir permeará a tu texto, incluso la apatía. Es similar a cuando hablas por teléfono y sonríes, aunque tu interlocutor no te vea percibe tu sonrisa. ¡Malditas Neuronas Espejo!

Alimenta al escritor que llevas dentro
El último secreto que descubrí para mejorar mi escritura de inmediato es el siguiente:

"Todo lo que entra por tus ojos y por tus oídos, quedará de una u otro forma reflejado en tu libro"

Si eres observador, notarás que la vida a tu alrededor está llena de misterio, romance, superación y aventura, todo en constante desarrollo. Para aprender a contar todas estas historias, la mejor herramienta es escucharlas de boca de sus protagonistas o mejor aún, leerlas en sus libros. El cine ha hecho mucho daño al contador de historias, pues en la pantalla está todo pre-masticado, no deja espacio para que imagines escenarios, lugares, personas...

Si eres de esos autores que dicen: "Mi arte es espontaneo, yo no leo libros de otros, no tengo influencias artísticas. Mi arte es sólo mío y se ha desarrollado por mis dones innatos" Seguramente vendes muy pocos libros. Cuando ya copiaste todos los argumentos de las series de televisión turcas y yanquis, cuando tus lectores se han dado cuenta de que ya habían visto esta trama en alguna parte y cuando tus ideas empiezan a parecerse mucho unas a otras muy populares… Tu carrera se resentirá y no tendrás las herramientas para cambiar.

Leer mucho, elegir muy bien que películas y series miras, elegir muy bien la música que escuchas, es fundamental. Si sólo consumes lo que ya está pre-digerido y es popular, lo que todos consumen, tu arte empezará a parecer una mala copia y déjame decirte que ya hay demasiados libros parecidos a Harry Potter en el mercado. Los fans pueden detectar una mala copia a cientos de kilómetros.

Dirás: "Pero sobre qué puedo escribir si todo está dicho, todo está inventado" Pues todavía hay algo original y al alcance de tu mano que nadie, jamás podrá imitar: Tú. Eres único, si te entrenas y aprendes, tus lectores descubrirán tu "voz" y crearás una audiencia de fans, no por tus historias o tu información, sino por tu estilo. Nutre tu arte, lee mucho, inspírate, pero no seas una copia de alguien exitoso.

¿Cuándo debes trabajar en esto? : Desde ya mismo y sobretodo mientras estás escribiendo y corrigiendo tu libro.

Estos son algunos de los muchos aprendizajes y consejos que aplico en mí mismo desde el primer día, todavía debo aprender mucho más, pero las bases que aquí comparto contigo, me han servido para mejorar desde la publicación de mi primer libro hasta hoy. Espero que te inspiren también.

En el próximo video hablaremos sobre cómo crear títulos impactantes para tu libro y conectar a nivel emocional con tus lectores potenciales.

Video 5
Clave 3: El título de tu libro y las Palabras Clave

¿Cómo saber si el título de tu libro tiene gancho y es el indicado para vender más libros?

En este video te hablaré sobre lo que he aprendido acerca de crear títulos con gancho, atrapar la atención de tu potencial lector al instante y agregar palabras clave sin que parezcas un anuncio clasificado.

Características de un buen título

1. Amazon es un buscador de internet y la gente tiene que encontrarte. El título es la forma más usada por tu lector potencial para encontrarte.
2. Pero recuerda que el título, subtítulo y frases gancho son principalmente para tu lector, no para el algoritmo.
3. Debe sonar natural, impactante, legible y fácil de recordar. Debe fluir y tener gancho.
4. El subtítulo puede incluir palabras clave que ayudarán al motor de búsqueda de Amazon a encontrar tu libro. Pero debe cumplir el punto anterior. Si vas a poner todas tus palabras clave en un subtítulo kilométrico vas a

confundir a tu potencial lector. Recuerda que tiene que fluir y ser recordado.

5. Revisa tu categoría, aprende de cómo lo hacen los que más venden.

6. Lee el título en voz alta, debe sonar coherente, con gacho y fluido. No cómo el vendedor de seguros de los anuncios de los partidos de futbol. Entusiasma a tu lector no vendas.

7. El consejo más importante: ¡DEBE SER LO MÁS CORTO POSIBLE! O tus lectores lo acortarán en su cabeza. Piensa en tu título como una bofetada y en el subtítulo cómo el instante de tensión inmediatamente posterior al golpe, dónde tienes toda la atención de tu lector enfocada en lo que le estás tratando de contar.

8. Una palabra es mejor que tres, los artículos si no son esenciales, fuera. Usa las imágenes de la portada para completar el título, para soltar la información sobre lugares y acciones que, poniéndolas en el texto del título, engorronan la memorización y la acción. Cuanto más largo sea el título más alejarás a tu lector de hacer click en tu página de ventas.

¿Puede ser mi título igual al de otro libro?

Hay mucha confusión y miedo con el tema de derechos de propiedad intelectual sobre tus libros e incluso sobre el arte de la portada. Recuerda tú obra está protegida por derechos de autor, pero el título y el arte de portada por lo general no… y la verdad es que no afecta para nada las ventas de tus libros, al contrario. Mi consejo es que No seas un autor Gollum con este tema, no te dejes dominar por el miedo, (sobre todo con el miedo generado por los que quieren venderte un servicio de registro) mucho menos al principio de tu carrera cómo escritor. Sé que crees que habrá miles de plagiadores listos para copiar tus magnificas ideas si te descuidas… Pero no funciona así.

No puedo asesorarte legalmente en un video o en un libro, pero mi consejo es que dejes de distraerte con lo que podría pasar y te pongas a escribir. Ocúpate cuando debas hacerlo y no llenes tu cabeza de miedos antes incluso de terminar tu libro. Haz las cosas bien, estudia tu mercado, mira si hay otros libros con el mismo nombre, haz los cambios que creas necesarios, luego registra tu libro en la propiedad intelectual y publica. Dale al "Next". No te conviertas en un autor Gollum, *please.*

Plantea la siguiente pregunta: No quieres que el título de tu libro sea el mismo que el de otro libro, bien ¿Y qué pasa con el nombre de otro autor? ¿Qué pasa si alguien se llama igual que tú?

El nombre que usas para escribir o tu pseudónimo, también debe ser cuidadosamente planeado (Y corto, por favor) pero no puedes evitar que alguien se llame igual que tú. Entonces dependerá de tu interacción con tu audiencia y el recorrido de tu obra, que seas tú quién es reconocido por ese nombre o que sea otro. Lo mismo con el título de tu libro.

https://www.leydepropiedadintelectual.es/

Según nos dice el artículo 10.2 de la Ley de Protección Intelectual: El título de una obra no se puede registrar ni tiene protección de forma independiente de la obra en sí. Forma parte de ella como una sola cosa. La protección es para la obra unida al título, a menos que copien tu obra, el título no puede registrarse como entidad a menos que lo registres cómo marca comercial exclusiva de uso comercial, pero esto está regulado por las normas de regulación de marca y no de propiedad intelectual

Entonces está permitido que utilices un título ya existente en otra obra, siempre que éste no sea "un título original". Entonces dos obras pueden tener el mismo título excepto cuando en dicho título aparezca, por ejemplo, el nombre de uno de los personajes de la obra y éste sea original. Por ejemplo, podrías usar el título "La Ballena Blanca" aunque aparezca en varias obras, pero nunca "Moby Dick la ballena blanca", pues es un nombre de un personaje imaginario inventado por el autor.

Una breve introducción a las palabras clave, que se ampliará más en el video 8.

Cuando la gente compra en Amazon, generalmente la primera acción es escribir en el la barra del buscador superior, el título del libro, el nombre de autor o el tipo de libro que buscan. Es en esta última opción cuando las palabras clave que Amazon nos permite agregar cuando publicamos el libro entran en acción. Cuando alguien realiza una búsqueda en el motor de Amazon con la misma palabra clave que la nuestra, es muy probable que Amazon muestre nuestro libro al potencial lector. Elegir estas palabras con cuidado e inteligencia nos permitirá llegar al lector que está buscando nuestro libro con mayor probabilidad y eficacia. Así es un tema al que conviene prestar atención e invertir tiempo en aprender sus secretos. Hablaremos en profundidad sobre este tema en el video 8

Estos son algunas de mis propias experiencias y aprendizajes en este tema. En el próximo video hablaremos sobre cómo debería ser la portada y el interior de tu libro para que tus lectores potenciales elijan tu libro sobre la competencia.

Video 6

Clave 4: Portada y maquetación interior, el Diseño Gráfico que tu libro auto-publicado necesita

Muchos escritores independientes piensan que la portada es sólo un requisito más, una formalidad, un adorno, algo que siempre es superado por la calidad literaria del libro, que será lo que al final promueva las ventas. Por eso se embarcan en la difícil y siempre frustrante tarea de diseñarla ellos mismos... total, no puede ser tan difícil...

En este video te hablaré sobre porqué, sin una portada profesional y un interior bien diseñado, tu libro no venderá un pimiento.

Propósito de una portada: El envoltorio de tu historia

- Tu portada es el primer contacto que tienes con tu posible lector. ¿Qué quieres contarle? ¿Qué te gustaría que entienda de inmediato?

- Tienes una gran historia, has invertido miles de horas de preparación, reflexión, escritura y corrección. Tu historia es muy buena, y quieres que mucha gente comparta la emoción que sentiste al escribirla. Estás haciendo un gran esfuerzo para promocionar tu obra, gastas mucho tiempo en contactar con posibles lectores, bloggers y críticos. Te lo estás tomando en serio. Entonces: **¿Por qué piensas que puedes usar una portada de baja calidad en tu libro?**

Hay tres factores fundamentales a la hora de conseguir que un lector potencial compre tu libro. El primero es la Portada, luego el texto de ventas de tu página de Amazon y para terminar las Reseñas que hayas conseguido de tus primeros lectores, de bloggers y críticos.

- En el "subconsciente colectivo" (o "tendencia cultural actual") existen muchos condicionantes a la hora de interpretar un mensaje. **La gente "ve" lo que está acostumbrada a ver.**

- Si tu libro es digital, es fundamental que transmitas seguridad y profesionalidad a tu posible lector para que se decida a comprarlo. Y no olvides que competirás con miles de otras portadas profesionales.

Una portada "hecha en casa", no profesional, puede desalentar a tu posible lector, pues por lo general la gente piensa que el contenido del libro será también amateur.

¿Para qué sirve realmente tu portada?
La única función de tu portada es hacer que tu lector potencial se detenga y te preste atención.

Tu portada es la carnada en el Anzuelo. Un GANCHO visual para que el potencial lector haga click en tu contenido. La portada en sí, no vende tu libro, sólo te da una oportunidad de vender.

La página de ventas y el contenido de tu libro serán los que aseguren la venta, pero la portada es la puerta de entrada del lector a tu página de ventas en Amazon.

Mi consejo es que aprendas las claves que hacen que una portada funcione y ayude a tus ventas, pero que luego contrates a alguien que la diseñe profesionalmente. Así sabrás si el resultado es lo que necesitas y no perderás días enteros intentando diseñar una monstruosidad inservible... (*¿He dicho monstruosidad inservible? Esto me está afectando...*)

Recuerda:
Para diseñar una portada necesitas poseer las habilidades de un diseñador, los conocimientos de un publicista y el ojo de un fotógrafo. Sin embargo, tú eres escritor.

Si de todas maneras vas a diseñar tu propia portada o si ya te decidiste a contratar a alguien para hacerlo y quieres saber si está cumpliendo con lo que necesitas, déjame darte algunas claves que te ayudaran a conseguir la portada que tu libro necesita.

12 elementos a cuidar mucho para que tu portada luzca profesional y comercial a los ojos de tu potencial lector:

- Debe encajar con tu género y con tus categorías. Existen cánones que tus potenciales lectores conocen y buscan (consciente o inconscientemente) Si tu portada es muy distinta o muy amateur la pasarán de largo.

- El título debe poder leerse, cuida el contraste y asegúrate que el título se quede grabado al primer vistazo.

- Una imagen es mejor que tres, así que para crear el viaje visual del lector necesitas la información exacta para no encharcar el mensaje con tanta información que confunda al lector.

- No vale mentir en la portada, pero no debes ser totalmente literal. Debes sugerir el conflicto principal y/o la solución que ofreces, con la combinación de texto e imágenes. Ser muy literal matará el misterio.

- Nunca jamás incluyas tus fotos o tus dibujos en la portada. Simplemente no alcanzarán la calidad comercial que necesitas para vender tu libro y tú nunca serás un buen juez de esas cosas.

- ¿Bonita o Funcional? No intentes dar sorpresas a tu lector en la portada. No es esa su función. La gente que verá tu portada no tiene la más mínima idea de que trata tu libro o de tu estilo como escritor.

- Crea un viaje visual para tu potencial comprador con los elementos que quieres que lea o vea primero más grandes y reduciendo el tamaño del resto por nivel de importancia.

- Deja espacios alrededor de los elementos, que la portada respire, que no sea un pastiche de cosas confusas y pegadas.

- No uses imágenes del buscador de Google, esas imágenes tienen derechos reservados en su mayoría y tendrás problemas legales, hay decenas de bancos de imagen gratuitos en la red, busca, lee las licencias y usa las imágenes con tranquilidad.

- Tu portada tiene que ser original, pero tus imágenes no necesariamente. Si por casualidad ves que alguien más usó la misma imagen que tú en su portada, tranquilo, mientras la portada no sea una copia exacta de la tuya no tendrás problemas, siempre que tengas el permiso de licencia para usar esa imagen. Es más si está en otra categoría o género, casi nadie se enterará. Cuando seas famoso y puedas pagar varios miles de euros a diseñadores y fotógrafos por esa foto única y perfecta para la portada que tienes en mente, entonces tendrás exclusividad; por ahora céntrate en la funcionalidad y conoce tus límites.

- Si agregas personas, hazlo de manera que sugieran actitudes o emociones. Es importantísimo que entiendas el efecto de la actitud de la persona en cuestión. Las personas y sus acciones o actitudes, ponen en relieve una enorme cantidad de información para tu posible lector. Hazlo personal y muestra lo que tu obra transmite a través de imágenes de personas en actitudes similares.

- Usa las tipografías adecuadas para tu género y estilo. Explora las categorías en las que piensas publicar, mira las portadas de tu competencia, mira los posters de las películas en el género que escribes.

- En la contraportada usa una combinación del texto de ventas de la página de Amazon con afirmaciones y preguntas (lo explico en este párrafo), deja tu sinopsis y tu curriculum para el interior del libro y solo si mueve tu contenido hacia delante. Para crear el texto de contraportada usa la técnica de afirmaciones y preguntas, esta técnica es sencilla: Crea cinco frases afirmativas sobre la trama o el contenido de tu libro y haz tres preguntas que lleven al posible lector a interesarse por averiguar las respuestas. Luego puedes poner una breve sinopsis y una más breve biografía con tu mejor foto de autor. (Mira el video 7 dónde lo explico en detalle)

¿El diseñador te envió varias opciones para el diseño de tu portada?

¿Tu primer impulso es compartir ese archivo con tus redes sociales y amigos para ver qué opinan?

Primero me gustaría decir que no es correcto que compartas el trabajo de un diseñador hasta que no sea tuyo, es decir hasta que no hayas pagado por él. Los archivos que un diseñador te envía son confidenciales y tienen copyright. No pasa nada, pero si es un trabajo en proceso y todavía no está bien terminado, puedes hacerle mala publicidad a tu diseñador cuando lo que él o ella están haciendo es darte más opciones a ti para que puedas elegir...Es Mal Karma...

Encuestas: ¿A quién preguntar si la portada es buena?

Una encuesta es pedirles a otros que decidan por ti sobre algo que no saben... Es miedo al rechazo, un intento por encajar o terror a equivocarte.

Cuando tienes varias opciones de portada la elección final la harás tú desde tus entrañas pues solo tú conoces íntimamente tu obra y solo tú sabes lo que quieres que el potencial lector reciba como mensaje visual de tu libro. Usa las encuestas como una herramienta de promoción, para conseguir que tu audiencia se interese y participe (engagement) y sólo cuando tengas las últimas dos opciones de portada definidas. El estilo, los colores, las imágenes, los textos, todo lo trabajarás primero con tu diseñador y con tu intuición y conocimiento de tu obra.

Es parecido a cuando tienes varias opciones de pareja romántica potencial; tú no haces una encuesta por email entre la familia y en las redes sociales para que te digan que les parece cada uno de los chicos o chicas con las que puedes salir. Tú conoces por instinto y por mil detalles con quién desearías salir sin necesidad de que tu familia opine acerca de ello.

Una historia real:

En estos últimos años he trabajado con cientos autores en diferentes proyectos; puedo decir que el 99% de ellos están muy satisfechos con mi servicio. Sin embargo, hace algún tiempo, tuve un cliente al que llegué a ofrecerle 32 bocetos diferentes para la misma portada de su libro y ninguno de esos bocetos cumplió sus expectativas. Me preguntaba en qué me estaba equivocando pues suelo dar rápidamente con lo que el cliente necesita y soy bueno haciéndole ver al autor qué portada es la mejor para sus ventas. Pero en este caso nada de lo que hacía parecía dar en el clavo con lo que la autora buscaba y ella no era capaz de mostrarme ejemplos en su género y categoría de lo que quería conseguir (ni en ningún otro género ni categoría, para ser exactos) Me mortificó por un tiempo, hasta que entendí que el problema era el miedo. Ella no quería equivocarse y pensaba que conocía mi oficio y el mercado mucho mejor yo, por eso pedía muchas opiniones, usaba fotos de familiares, cambiaba de idea, volvía al principio y nunca terminaba de decidirse... Al final, fue uno de los pocos autores a los que no pude ayudar.

Ser asertivo, decidido y saber lo que quieres de verdad, te ayudará a tener una portada que funcione y seguir adelante con tu tarea de escribir contenidos para tu audiencia. No te estanques, confía en los profesionales que elijas para ayudarte y has que las ruedan sigan girando.

Diferentes tipos de portadas y maquetaciones que necesitarás (ebook + tapa blanda + Audio)

En cuanto a la maquetación interior de tu libro, mantenerla lo más sencilla posible es básico. Procura que coincida con tu género y el estilo de la portada y no agregues nada que pueda ser considerado un "Adorno", si no ayuda a la historia a moverse hacia delante, quítalo.

Básicamente y para que funcione bien a la hora de publicar deberás hacer dos maquetaciones diferentes (o encargarlas a un profesional) La maquetación para eBook y la maquetación para el libro impreso en Tapa Blanda.

Consejos para formatear un EBook:

La publicación y venta de tu libro en formato ebook es sin duda una de las grandes ventajas para todo autor independiente. Con la facilidad de acceder al mayor mercado del mundo y con herramientas para promocionar tus creaciones de manera instantánea y económica. Además un ebook es una "cosa viva", que puede ser actualizado casi por completo en cualquier momento y que tus lectores consumirán sin necesidad de que tenga una enorme extensión.

Sin embargo, la creación del libro en sí y la maquetación para subirlo a la plataforma suele dar dolor de cabeza a la mayoría de los autores.

Hay miles de videos en YouTube dónde te enseñan paso a paso cómo maquetar tu libro de manera sencilla y casi sin conocimientos técnicos. Así que hoy solo te dejaré algunas recomendaciones importantes que van más allá de la habilidad necesaria para formatear tu ebook.

1. Un libro electrónico debe ser un texto fluido y no estar formateado página a página con exactitud matemática. Ya que este tipo de producto servirá para ser leído en distintos dispositivos, necesita que el texto de cada capítulo fluya de principio a fin, sin paginar.

2. Es bastante incómodo ver imágenes en un lector de ebook. Si no hacen falta no las incluyas.

3. No te vuelvas loco con el tipo de letra o el estilo. El usuario final tiene la opción de cambiar el tipo de letra y el tamaño en su lector o en su tableta y teléfono. Puedes agregarle estilo a los títulos de cada capítulo y elegir una tipografía neutra para el texto.

4. Usa tu archivo Word para maquetar y subir tus primeros libros. Si dominas la maquetación en este programa luego podrás hacer filigranas con otros más complejos.

5. Si tienes Scrivener puedes generar un epub y subirlo a Amazon. Pero este tipo de compilación tiene una curva de aprendizaje más alta y no es fácil realizar cambios una vez terminado.

6. Incluye un índice interactivo

7. Incluye una página con enlaces a tu "Regalo para atraer lectores" (reader magnet) y a tus otros libros. Al principio, para que se vea en el "echa un vistazo" de Amazon y al final de tu libro, pues si alguien leyó hasta terminar tu obra, es muy posible que quiera leer más cosas tuyas.

Maquetación para impresión: ¿Qué tamaño es el mejor para mi libro?

En cuanto a la maquetación para la impresión bajo demanda, te daré dos consejos desde mi perspectiva de diseñador y con la experiencia de mis propios libros publicados.

El primero es que busques ayuda. Puedes encontrar maquetadores en la red que lo harán muy barato y con un resultado decente. Empeñarte en hacerlo tú sólo te hará "gastar" decenas de horas de tu precioso tiempo que no podrás dedicarle a la escritura… y casi siempre te quedará mal a menos que tengas experiencia en diseño editorial… No, saber usar un software no te convierte en maquetador o fotógrafo, digo experiencia editorial.

El segundo consejo y quizás el más importante, es que pienses en el grosor de tu libro. Cuantas más páginas tengas conviene que el libro tenga un mayor tamaño. Por ejemplo si vas a escribir seiscientas páginotas de fantasía épica, lo mejor es que elijas el tamaño de impresión 6x9 pulgadas. Si elijes un tamaño más grande te imprimirán una especie de cuaderno de notas horroroso. En cambio si tienes un libro corto de pocas páginas, lo mejor es que reduzcas el tamaño de impresión lo que aumentará el número de páginas y dará mayor grosor a tu libro cuando tu lector lo sostenga en su mano, con la sensación de que es un material más contundente y no un pasquín de tres páginas. 5x8 pulgadas es una buena medida para libros cortos y es la menor que te permitirá Amazon.

Compra tu propio libro como si fueras un lector, tanto en Ebook como en impreso:
Esto que sigue es MUY IMPORTANTE:

Mi último consejo en el tema es que **siempre, siempre, siempre,** compres tu ebook y pases las páginas para ver que todo funcionó correctamente con la conversión y publicación.

Y que antes de pedir cientos de ejemplares de tu libro impreso **siempre, siempre, siempre,** compres una impresión final de control, tanto si publicaste en Amazon impresión bajo demanda como si imprimirás tu libro en una imprenta local. Este ejemplar de control te servirá para ver que todo cuadra cómo querías, no hay errores, faltas o cambios drásticos de color.

Amazon imprime tus libros en distintas imprentas alrededor del mundo; casi siempre trata de usar la más cercana al punto de entrega del libro, ya que así asegura un buen servicio al cliente. Pero al utilizar distintas imprentas **es imposible** que la calidad sea exactamente la misma si te envían tu libro desde unas imprentas u otras. El sistema de impresión bajo demanda es una ventaja enorme para ti cómo escritor, vendes tu libro en cualquier lugar del mundo, sin que tengas que pagar por stock ni hacerte cargo del envío o la atención al cliente. Así que no te pongas demasiado exigente con la calidad final, que por otro lado es bastante buena.

En cuanto a la cantidad de tinta, las máquinas de impresión bajo demanda no se caracterizan por acabados Premium o doble pasada al negro... Yo sé que has visto esos libros en las librerías con acabado mate que son una auténtica obra de arte, pero el resultado de los libros con acabado mate para impresión bajo demanda de Amazon no es el mejor y te desilusionará. Mi consejo es que cuando imprimas con Amazon, elijas siempre el ACABADO BRILLO pues esta capa de lacado resaltará los tonos de los colores en tu portada y aportará ese puntito extra de contraste que tu portada seguro necesita. Recuerda: ¡¡BRILLLLLLLLOOOOO!!

Como comentario de última hora, Amazon empieza a experimentar con libros de tapa dura con algunos autores. Esto puedo ser una enorme diferencia cuando hablamos de ciertos géneros y colecciones. Es un tema del que hablaré en el canal cuando esté disponible para todos.

Estos son las claves para tener en cuenta cuando diseñes o contrates el diseño de tu libro. En el próximo video hablaremos sobre cómo preparar el texto de venta para tu libro en la estantería de Amazon, así podrás cerrar las ventas y convertir a tus lectores potenciales en fans.

Video 7

Clave 5: Optimizar la página de ventas. Cómo educar a Amazon para vender tu libro (1ª parte)

¿Qué texto deberías usar en la página de ventas de Amazon? ¿Y en la contraportada del libro impreso? Averigüemos juntos para que sirven estos contenidos vitales para que vendas más libros.

La contraportada de tu libro, ese territorio inexplorado

Mis clientes siempre me preguntan qué poner en el texto de contraportada y yo trato de explicarles que lo mejor sería que primero desarrollen el texto para la página de ventas de Amazon y luego usen el mismo texto en la contra-portada.

Este texto lo crearás aparte de la sinopsis y de la introducción del libro y sirve para vender tu libro después de que el potencial comprador fue atraído por la portada y quiere saber si tu libro le interesará o ayudará. Debe apelar al lector potencial, a ese que ya ha hecho click en tu portada en la pantalla y desea conectar emocionalmente con tu libro para decidirse a comprarlo. No debe ser un Curriculum Vitae de los logros del autor, tampoco la sinopsis del libro, las instrucciones de tu método, ni la introducción. Es más bien un texto en el que le informas a tu potencial lector, hablando de tú a tú, sobre el beneficio principal que obtendrá leyendo tu libro y porqué debería comprarlo. Luego le explicas porque tú eres una autoridad en el tema, para terminar contándole que el libro ha sido útil para otras personas y le dices lo que tiene que hacer a continuación para comprarlo: "No lo dudes, compra mi libro y tendrás la experiencia…" Todo esto narrado con entusiasmo, fluidez y brevedad, cómo le cuentas a un amigo la idea que más te inspira.

Recuerda que el texto de ventas en la página de Amazon, es una muy buena oportunidad para agregar palabras clave que "según se dice por los oscuros foros autoriles", ayudan también a la red Neuronal de Amazon a descubrir de qué trata tu libro y promocionarlo. (Mira el video sobre Título y Palabras clave que hice en mi canal). Lamentablemente, el texto de contra-portada solo servirá para que quien encuentre tu libro físico en una estantería o en una mesa, pueda echarle una ojeada y leerlo; así que tendrá menos impacto en tus ventas a menos que te dediques a vender muchos libros de forma física en convenciones, eventos o librerías. Y por eso personalmente, usaría siempre el mismo texto que uso para la página de ventas de Amazon, un texto que ya tengo desarrollado, por lo que no pierdo más tiempo "inventando" algo para poner en la contra-portada y cumple perfectamente con el propósito de entusiasmar al lector a comprar mi libro.

Existen varios acercamientos a este tema, pero en este video voy a proponerte una fórmula práctica que funciona con la mayoría de los autores y libros.

Una formula práctica para crear tu texto de ventas y texto de contraportada:

1. Si eres un autor medio conocido, te han dado un premio, o tienes una serie de libros muy popular, úsalo cómo referencia: "Del autor del bestseller de 2020…" "El ganador del premio… tal… vuelve con…" PERO: no inventes premios ficticios ni te des ínfulas con premios barriales o trofeos de tu grupo de petanca de la parroquia del pueblo (a menos que hayas escrito un manual sobre cómo ser el mejor en la difícil disciplina de la petanca parroquial), sólo agrega información que resuene con tu lector potencial.

2. Si tienes reseñas de gente significativa en tu área, categoría o género literario, agrega la frase más relevante y con mayor gancho emocional.

3. Ahora usa la técnica: ***Tres preguntas y tres afirmaciones***. Tres preguntas que creen intriga en la mente del lector y tres afirmaciones que desvelan el principio del conflicto en tu libro, así, en el caso de ficción enganchas al lector con un problema o conflicto que deseará entender cómo se resuelve y deberán leer tu

libro para saberlo; mientras que en el caso de un libro de no ficción le informas que conoces la solución al problema con el que el potencial lector se ha identificado y para el cual encontrará una respuesta en tu libro.

4. Habla de tú a tú, con entusiasmo y directo a tu lector. Usar terceras personas rompe la conexión. Establece una conversación directa, informal pero muy rigurosa, respetuosa y sincera con tu lector. Si mientes se nota; si te sientes superior el lector lo notará y se irá volando, pues quien quiere que lo adoctrinen y lo hagan sentir menos. Empodera, ayuda, entusiasma y tu lector te lo agradecerá.

5. Termina con una clara y contundente llamada a la acción: *"Una verdadera aventura aguarda a…"* *"Sus vidas cambiarán para siempre sin que puedan evitarlo"* *y aquí viene la llamada a la acción:* *"¿Podrá Rigoberto Nicolás superar la malévola maldición del medio medallón maldito? ¡Compra tu ejemplar ahora y descúbrelo!"*

   Sí, parezco un vendedor de coches… O uno de esos que venden los horribles cursos de inglés… Pero es muy importante que crees el gancho, la pregunta que el lector desee ver respondida y entonces, sólo entonces, le digas qué es lo que tiene que hacer.

6. No agregues nada más…

Biografía, ¿sí o no?

La verdad es que siempre es recomendable tener una referencia y un trasfondo acerca de dónde surge la historia de un libro de ficción y una corta biografía de quien lo escribió.

Para autores de libros de autoayuda, de "hazlo tú mismo" y soluciones prácticas o métodos, es esencial que demuestren su autoridad en el tema a tratar, no es lo mismo que un panadero hable de Neurociencia que un Cirujano del hospital tal o cual… y lo contrario se aplica también, un doctor en física nuclear escribiendo un libro sobre el roscón de reyes, pues que no aporta autoridad sobre el tema.

7. Encuentra el punto en común que tienes con tu lector y cuéntale por qué tienes autoridad para escribir este libro o aconsejarle, enseñar o revelar la información que estás publicando.
8. Ahora completa tu biografía, en un párrafo, no es un currículo, es para que el lector conozca que tú sabes de qué hablas, que tienes experiencia útil para lo él que busca. Y también para que se haga una idea de si le vas a caer bien y para que sepa si querría entrar a conversar contigo en tu libro.
9. Una buena foto, natural, sonriente, profesional, es una buena idea para la contraportada y para la biografía del autor en Amazon. Y además puedes usarlas también en tu web de autor.

Estas son las claves para crear una página de ventas y una portada que de verdad cumpla con su objetivo y que no sea mero relleno. Aprende a cómo usar todas estas herramientas y verás que tu carrera cómo escritor empieza a tomar vuelo.

En el próximo video hablaremos sobre cómo encontrar y optimizar las palabras clave para educar a la red Neuronal de Amazon para que venda tu libro de forma orgánica.

Video 8

Clave 6: Categorías y Palabras Clave. Cómo educar a Amazon para vender tu libro (2ª parte)

Tienes un libro increíble, pero no sabes cómo hacer que el intrincado algoritmo de Amazon lo muestre a los lectores adecuados y "todo esto de las categorías y las palabras clave" te trae por la calle de la amargura.

En este video te hablaré sobre Qué Son y porqué es tan importante que domines este tema de categorías y palabras clave.

¡Malditas palabras clave!

Cuando la gente entra en la tienda de Amazon para buscar su próxima lectura, lo más probable es que use la barra superior del buscador para encontrar el tipo de libro que desea leer.

Amazon entonces usará esas palabras que el lector potencial escribe para recomendarle los mejores libros posibles relacionados con esa búsqueda. Esa frase que el Lector-Cliente de Amazon ha escrito en la barra del buscador puede considerarse una Keyword.

En el momento de publicar Amazon nos pedirá que completemos una sección con siete keywords relevantes para nuestro libro. Pero ¿Cómo sabremos cuales escoger?

Hay una forma gratuita de usar el propio buscador de Amazon para hacer una lista de las palabras clave relevantes, también hay herramientas de pago más avanzadas, pero para el propósito de este video usaremos la técnica más probada y gratuita. Siempre teniendo en cuenta que debemos aplicar nuestro criterio para elegir las más relevantes para nuestros potenciales lectores, nunca las que nos atraigan más a nosotros. Busca palabras o frases claves que sean relevantes para tu lector y no que describan tal o cual párrafo destacado de tu libro. Tu lector todavía no ha leído tu contenido y no buscará tal o cual frase que escribiste; pero podemos tener una buena idea de lo que buscará usando la siguiente técnica.

Sabemos que Amazon es un buscador muy poderoso, así que usemos ese poder. Verás que cuando empiezas a escribir en la barra de búsqueda, Amazon comienza a sugerirte frases que sus usuarios escribieron antes para ayudarte a encontrar el libro que quieres. Pero nosotros cómo autores, usaremos este motor de sugerencias y obligaremos al algoritmo a revelar sus secretos.

Primero piensa y escribe en un papel las siete palabras clave que tú crees son las más relevantes, basadas en el género en el que escribes, la solución que tu libro aporta, el público lector objetivo de tu libro, etc. También puedes hacer una lista de las categorías en las que los libros ya publicados de tu competencia directa han sido colocados.

Con toda esta información en mano toma lápiz y papel y abre la página de Amazon.com

Empieza con la primera palabra clave que tienes y escribe lentamente. Verás que cuando hayas escrito casi toda la palabra o frase que pensaste, Amazon comienza a sugerirte otras palabras y frases relacionadas con lo que estás tipiando en el buscador

Detente y no escribas toda la palabra aún. Anota en un papel todas las sugerencias del buscador que sean relevantes para tu libro y escribe la próxima letra o palabra, vuelve a apuntar en tu papel si aparecen nuevas palabras clave y luego sigue hasta que hayas escrito al completo tu palabra clave inicial.

Ahora repite el mismo proceso con todas las palabras clave que tenías en tu primera lista, la que habías escrito antes de empezar a buscar. Haz lo mismo con las categorías que habías anotado.

Cuando termines todo este proceso, tu lista de palabras clave tendrá muchas más opciones que sabes que son búsquedas frecuentes relacionadas con el contenido de tu libro y tu lector ideal.

Todos los expertos recomiendan usar palabras clave de cola larga, es decir, frases con dos, tres y hasta cinco palabras relacionadas. La diferencia es que con palabras más genéricas y cortas tu público objetivo será mucho más general y amplio pero también la competición por esas palabras claves estará distribuida entre cientos de otros autores y el Algoritmo de

Amazon mostrará tu libro cien veces menos pues debe hacer hueco para todos los que usen esa palabra clave. En cambio sí especificas más tendrás menos competencia y Amazon te hará subir en su lista de "escogidos" a la hora de mostrar tu libro a la gente que busque esa frase más larga.

Lo verás mejor con el siguiente ejemplo:

Estás harto de poner anuncios en los clasificados contando que eres el mejor carpintero de la ciudad, pero lo cierto es que compites con otros cientos de carpinteros que sirven al mismo mercado que tú, todos gritando "¡Aquí! ¡Aquí! ¡El mejor carpintero de la ciudad y más barato que ese otro!"

Entras al juego y bajas los precios mientras malvives entre la competencia sangrienta del gremio de los carpinteros de la enorme ciudad.

Pero un día te das cuenta que varios de tus clientes han quedado encantados con algunas áreas de tu trabajo: la reparación que hiciste a unas viejas sillas, otro te ha recomendado por el magnífico trabajo que hiciste con su mesa de comedor y otro presume con las estanterías que hiciste para su casa de pueblo. Entonces lo entiendes y empiezas a promocionarte cómo Carpintero Ebanista y Restaurador especializado en muebles de madera lacada al estilo tradicional. Ese simple cambio en tu forma de presentar tus habilidades ha reducido tu mercado a una décima parte, sin embargo te ha convertido en el experto de referencia para cualquiera que necesite un Ebanista en la ciudad y tu competencia ha desaparecido. Los trabajos empiezan a llegar en masa, pues todos empiezan a reconocerte cómo el único ebanista de la ciudad y un experto en el tema.

Lo mismo pasa cuando usas las palabras clave correctas en tu publicación, todo el que busque "eso" que te diferencia del resto te encontrará antes a ti que a ellos pues Amazon adora darle al cliente lo que está buscando. Así que recuerda, palabra clave principal y por lo menos dos apellidos.

¡Benditas categorías, Batman!

Lo mismo que con las palabras clave, a la hora de publicar Amazon nos pide que elijamos dos categorías en las que desearíamos incluir nuestro libro. Digo desearíamos pues luego ellos incluyen tu libro en la que se les antoja. ¿Sabías que hay más de 16.000 categorías en Amazon? Tu libro puede estar de manera legítima en varias categorías adicionales que no solo presentarán tu libro a públicos distintos, sino que pueden hacer que tu libro se venda mucho más con menor esfuerzo de marketing. Para encontrar las categorías que mejor encajen con nuestro libro debemos explorar nuestra competencia directa y anotar con cuidado las categorías en las que están incluidos sus libros. Para saber quiénes son los autores que compiten con nosotros mira primero los best sellers en las categorías que finalmente te asignaron. Luego visita tu página de autor en Amazon, como si fueras un lector y mira debajo de tu foto, verás hasta once autores a los que tus lectores también han comprado. Explora sus libros y anota todas las categorías.

Cuando tengas la lista de todas las categorías en las que puedes incluir tu libro, elije la siete mejores.

El secreto aquí, es que escribas al servicio de atención al cliente de Amazon desde tu panel de control y solicites muy amablemente de que consideren colocar tu libro también en la lista de categorías nuevas que ahora has descubierto. Los revisores de Amazon suelen ser muy diligentes a la hora de hacer esto, siempre y cuando tus categorías coincidan con lo que ellos creen que es el contenido de tu libro. Recuerda: La prioridad número uno de Amazon es la satisfacción de su cliente. Tú en cambio eres un proveedor así que estás en segundo lugar siempre y no dudarán en eliminarte si te pasas un pelo tratando de engañar a tus lectores, (sus clientes). Se bueno y amable cuando te comuniques con los revisores y siempre, siempre, siempre, cumple con las reglas de Amazon. Es su plataforma y ellos ponen sus reglas.

Estas son las técnicas más útiles para encontrar categorías y palabras clave para tu libro. En el próximo video hablaremos sobre cómo y dónde publicar tu libro además de en Amazon KDP, cuándo y por qué deberías hacerlo. También hablaremos sobre Registro de propiedad y sobre el ISBN.

Video 9

Clave 7: Cómo y Dónde publicar tu libro. Piratería, Ebooks, Impresión bajo demanda, imprentas, Registro de propiedad e ISBN

¿Es Amazon la única opción para publicar tu libro?

¿Debes publicar en otras plataformas?

En este video te hablaré sobre las distintas opciones para comercializar tu libro y dónde deberías centrar tus esfuerzos al principio de tu carrera...

Amazon: Monopolio y oportunidad

Desde la perspectiva del lector, Amazon tienes grandes ventajas: está en la palma de la mano y tiene precios muy accesibles. Para libros cómo novelas auto-publicadas por sus autores es casi siempre el único lugar al que un lector puede acudir. Es cierto que Amazon cómo empresa, tiene sus zonas oscuras y algunas prácticas directamente reprochables. Pero es cierto que la revolución digital es imparable y ya sea ésta mega-corporación u otra que la reemplace en el futuro, el cambio a un nuevo paradigma es inevitable.

Esto afecta a las librerías de barrio, sí y no. Cómo cualquier negocio que depende de un producto de consumo, las maneras de producir y distribuir cambian con el tiempo. Ya me imagino lo que los fabricantes de herraduras para caballos pensaron cuando un tal Henry se puso a sacar modelos "T" cómo churros. Pero nadie discute que el automóvil es uno de los grandes avances de nuestra civilización y ha traído enormes beneficios para nosotros y… para los caballos. No me entiendas mal, amo las librerías, me pone cachondo el olor a papel y tinta; pero entiendo que jamás hubiera publicado mis libros si no se hubiera inventado Amazon; simplemente porque no tenía tiempo de pelear con empresas editoriales para que me hicieran "el favor" de publicar mi primer libro, mientras levantaba planchas de Dibond de tres por uno y ochenta, trabajando diez horas por día en la imprenta. El mercado se renueva y las oportunidades aparecen para aquellos que están dispuestos a renovarse.

Otras empresas que funcionan igual que Amazon.

Sin embargo, Amazon no es la única gran empresa en la que puedes auto-publicar tus libros y aunque el resto de plataformas sólo se repartan el 17% del mercado, hay autores que están vendiendo mucho también por ese medio. Recuerda que debes buscar los lugares dónde compra tu audiencia ideal y entregarles el "producto" que desean allí dónde se reúnen.

Existen varias empresas que hacen casi lo mismo que Amazon:

Apple IBooks

Barnes & Noble (Nook)

Kobo

Google Play Books

Puedes publicar también en castellano en Casa del Libro UDL aunque la última vez que miré, pedían exclusividad y la plataforma no tiene la difusión que tienen las internacionales.

Otra opción para tener tu libro impreso bajo demanda es Lulu que ofrece la opción de crear gratis tu libro e incluso tu eBook.

En este sentido tanto Casa del Libro cómo Lulu funcionan cómo agregadores que distribuirán tu libro en algunas de las principales plataformas incluyendo Amazon. Pero lee la letra pequeña e infórmate bien para no caer en exclusividades, cesiones de derechos o políticas de precios que no controlas tú.

En este apartado déjame recomendarte los dos agregadores más fiables del mercado y explicarte cómo funcionan.

Mi experiencia

Un agregador es una plataforma que te permite subir tu libro de la misma manera que lo subirías en Amazon y que luego "agrega" tu libro en las plataformas que le pidas. Son muy útiles para publicar tu libro en el resto de plataformas (además de Amazon) sin tener que acceder y administrar seis cuentas distintas. También se encargan de enviarte las regalías por ventas en un pago que incluye todas las plataformas.

Los dos agregadores de los que tengo referencias son:

Draft2digital (D2D) que funciona muy bien para muchos autores tanto cómo editora, venta de libros y agregador digital.

En mi caso elegí Smashwords, por su simple interfaz de usuario y porque es la que más posibilidades brinda dentro del resto de plataformas. También usé este recurso para forzar a Amazon a poner uno de mis libros en Perma-Free (gratis permanente) poniendo ese libro a coste cero en todas las demás plataformas (algo que Amazon no permite) y luego escribiendo a Amazon para que igualara el precio de venta; un compromiso que Amazon tiene con sus clientes. Para usar este tipo de agregadores recuerda que no podrás inscribirte en el programa KDP Select, pues Amazon exige exclusividad para otorgarte los beneficios de días gratis y otras herramientas publicitarias.

Cuando imprimir con imprenta

Una alternativa muy digna pero que es de vieja escuela, es la de comprar un stock de libros impresos, ya sea en una plataforma de impresión bajo demanda o una imprenta local y hacer una distribución física nosotros mismos. La antigua forma de llevar el maletero lleno de nuestros libros e ir pueblo por pueblo convenciendo a los libreros para que pongan tu libro a consignación, para luego tener que volver para ver si se había vendido alguno. Generalmente a esto es a lo que llamaban publicación de garaje, o por vanidad. Lo que suele pasar es que luego de vender unas decenas de ejemplares el autor se quedaba con cajas llenas de libros que terminaba regalando. Un colega polaco con el que trabajé hace un tiempo lo resumía perfectamente:

Mucho trabajo, Pablo; pero poquito dinero…"
(¡A que escuchaste el acento polaco en la cabeza!)

La única razón lógica para meterse a comprar un gran stock de tus propios libros en estos tiempos de impresión bajo demanda es cuando haces presentaciones en vivo, ya sean presentaciones literarias o en el caso de que impartas formaciones, cursos, charlas o conferencias. Entonces tener un pequeño stock contigo es una buena idea pues te permitirá montar un puesto de venta en el hall del teatro, cómo hacen los grandes motivadores; y todos sabemos que no hay lector más motivado que aquel que acaba de verte entregando todo en el escenario. *(Esto último sonó un poco raro…)*

El otro beneficio de imprimir con una imprenta local es que la calidad puede ser mejor y además podrás imprimir solapas, algo totalmente innecesario, pero que en la mente de muchos autores da categoría a tu libro.

Derechos de autor vs exclusividad intelectual
Otro tema en el que veo que muchos autores se confunden con frecuencia es la función del registro de la propiedad intelectual y la del ISBN.

No, ninguno de los dos es obligatorio, uno de ellos sin embargo es recomendable, mientras que el otro no lo necesitas en absoluto. Aclaremos este embrollo.

¿Debo registrar mi libro en cada país donde lo venda?
Los derechos de autor de tu obra te pertenecen y están amparados por la ley internacional en casi todos los países del mundo desde el momento en que has escrito tu libro, no hace falta que esté publicado ni registrado para que se reconozca cómo una obra tuya. Ahora bien, registrar tu libro con una administración local o una internacional, te brindará la prueba irrefutable de que en "tal fecha" reclamaste la autoría de tu obra y cualquier plagiador que haya usado tu material bajo su nombre podrá ser demandado.

Hablo de plagio, no hablo de menciones, ni de títulos iguales, sólo el contenido de tu obra capítulo por capítulo y palabra por palabra. Mi mejor recomendación para tu paz mental y tu carrera es que primero superes el miedo a que alguien te plagie.

Sé que piensas que tienes entre manos una obra maestra y sé que ves plagiadores detrás de cada esquina. Todos nos sentimos así con nuestras creaciones, pero no es el caso. Los casos de plagio son raros y suelen estar relacionados con autores que comparten su obra con motivos editoriales o a través de plataformas digitales abiertas. Cada vez es más sencillo probar que eres el autor de una obra o una idea y los delincuentes se lo piensan mucho, así que escribe con paz en tu corazón, registra tu obra y publícala lo antes posible. Luego escribe la siguiente.

Para registrar tu obra de forma muy económica y con alcance internacional te recomiendo SafeCreative, que es un servicio online muy seguro y en el que te proveerán con un código de barras o QR, que da mucha autoridad y *"queda divino"* en la primera hoja de tu libro. Un registro con un solo pago muy económico y ya estás cubierto en todo el mundo. *(Repito que no cobro comisiones por ninguna recomendación en este libro, pero sigo aceptando sobornos en forma de sándwiches de salami)*

Para qué sirve el ISBN

El ISBN es un código de libreros para libreros. Es una forma de que "ellos" puedan encontrar "una edición particular de tu libro" en los catálogos de las distribuidoras y editoriales. Pero solo sirve para que el librero lo encuentre, no tu lector.

Este código sólo es necesario si tu libro se va a distribuir en librerías y es la editorial que publica tu libro la que debería contratarlo, ya que es a quien le interesa que sus vendedores, los libreros, encuentren tu obra rápidamente. Si tu libro se venderá en Amazon y en el mejor de los casos, con la distribución extendida que esta plataforma ofrece, NO NECESITAS COMPRAR UN ISBN, puedes usar el código ASIN que la plataforma te ofrece gratuitamente.

El ISBN no es una garantía de propiedad intelectual y ni siquiera es un requisito para publicar tu libro en una imprenta local; ya que puedes imprimir tu libro y venderlo en tus presentaciones y conferencias sin que necesite el código de barras en ningún caso.

Páginas de descarga de libros piratas: ¡Al abordaje, Malditos!

He publicado una decena de libros y mi experiencia es muy clara: dos días después de la publicación en Amazon, mi libro ya aparece en los catálogos de decenas de páginas de descarga pirata en todo internet. Lo sé porque me hice una alerta de google con el título de mi primer libro y aún hoy, casi seis años después, siguen incluyéndolo de vez en cuando en nuevas listas. Y te pasará lo mismo a ti.

Te confieso que las primeras semanas me hacía daño. Ver mi obra, esa que me llevó tantos años terminar, tantas horas, tanto trabajo para publicar, tanta inversión emocional y de dinero, y pensar que alguien en la *Atlántida Noroccidental* pueda descargar mi libro sin pagar los míseros 2.99 que cuesta en Amazon, era un sentimiento horrible.

Luego entendí lo que en realidad pasaba, me relajé y decidí invertir mi energía en lo que realmente podía controlar y en lo que llevaría mi carrera como autor adelante: me dediqué a escribir mi siguiente libro. Esa fue la mejor decisión que tomé en todo este tiempo trabajando con auto-publicación.

¿Qué es lo que entendí? Te contaré mi punto de vista, pero mantén la menta abierta.

Los pérfidos perfiles del pirata de libros electrónicos

Primero comprobé que muchas (sino la mayoría) de esas páginas son scammers, trampas engaña bobos; gente que te ofrece cualquier cosa gratis para capturar tus datos y tu email y en lugar de un libro te manda un *"peazo de virus informático que te deja blando al disco duro"*.

Pero también entendí que hay otro acercamiento en el que no había pensado y es este: Un libro no es un material de consumo de masas igual que lo es una canción o una película. Hay que invertir tiempo en leerlos. Así que descubrí que los que acceden a mis libros gratuitamente por medio de páginas pirata tienen dos perfiles bien distinto:

1. Está aquel que se baja todo aquello que encuentra **gratis** internet solamente por el subidón de conseguirlo gratis, pero nunca lee nada de lo que descarga, ya que leer implica una inversión de neuronas, concentración y "horas-culo-silla" que este tipo de personas

prefiere gastar en videojuegos, cervezas y tocamientos impuros. Leer un libro sería perder su precioso tiempo de ocio.

2. El otro perfil y quizás con el que me siento más identificado, está compuesto por gente joven de bajos recursos y de zonas del mundo menos favorecidas; los que aunque tienen acceso a un móvil o una computadora desvencijada, el prospecto de gastar tres dólares en un libro de un autor desconocido no está ni remotamente a su alcance. (Para leer a los autores conocidos pueden ir a la biblioteca y este perfil de lector "pirata" del que hablamos, suele usar mucho las bibliotecas locales) Así que ante la imposibilidad de acceder a la lectura, nueva y de calidad, satisface sus ansias de aventuras y conocimiento invirtiendo horas en leer a autores tan triviales como yo, descargando mi libro desde páginas pirata... Respeto mucho a los jóvenes y no tan jóvenes que a pesar de vivir en situaciones horribles (y sé de qué estoy hablando cuando digo horribles) se refugian en las páginas electrónicas de libros cómo los míos. No puedo hablar por el resto de autores pero yo me siento honrado que alguien, viviendo un momento tan desalentador, invierta su tiempo en leer lo que yo escribí para encontrar refugio en medio de una situación muy mala y desde aquí los autorizo a

que lo sigan haciendo, por lo menos con mis libros.

Tienes que entender que este tipo de "lectores" no son tus clientes y que jamás comprarían un libro tuyo donde lo estás vendiendo, simplemente no tienen ganas o no tienen el dinero.

Tu objetivo, entonces, es trabajar para que los miles de millones de clientes de Amazon encuentren tu libro; ellos son los que tienes la compra con un click activada en su tarjeta de débito. Tu objetivo es que este tipo de lectores vean tu libro, lo compren, lo lean, lo disfruten y compren el siguiente. Con todo este trabajo por delante, preocuparse por las dos formas anteriores de piratería me parece una forma nada provechosa de ocupar tu energía.

Te pido disculpas si soy directo con este tema, pero en este libro quiero que dejes de perder el tiempo con temores infundados y que te concentres en lo que te traerá mayor felicidad: Escribir y publicar tu próximo libro.

Hay un artículo muy bueno sobre el tema, que escribió el admirado Juan Gómez Jurado; te dejo el enlace para que le eches un vistazo:

https://hipertextual.com/2011/01/la-pirateria-no-existe

Una de las prácticas que si me molestan mucho, son esas empresas pirata que descargan tus libros, los imprimen y los venden en mercadillos o en la web. Lo mismo que aquellos que descargan libros electrónicos GRATIS como éste y los venden en páginas cómo Ebay, mercado libre, etc.

Esta gente me parece deplorable, pues no son consumidores de mi información o de mi arte, más bien se lucran de mi trabajo a expensas de incautos que compran calidad a precio barato, incautos que hasta podrían conseguirlo gratis pero tienen mucha pereza de investigar. En el caso flagrante de encontrar a alguien que se hace pasar por ti y <u>vende tus productos</u>, debes denunciarlo a las autoridades competentes en tu país.

Aunque denunciar estos casos es necesario, por supuesto, sin embargo soy un firme creyente de que cada uno recoge lo que siembra y debo decidir si voy a usar mi tiempo en perseguir a cada uno de estos tiparracos, envenenarme el alma y usar todo mi tiempo en hacer justicia, o escribir mi próxima novela o libreto para YouTube… Personalmente elijo esto último y te animo a que hagas lo mismo. Amargarme y gastar todo mi buen humor en una cruzada justiciera no sirve a mi propósito de vida, que es escribir mucho y publicar mucho.

Una mención para el autor-hater profesional

Otros que también hacen mucho daño son algunos autores que son del todo desconocidos pero tienen un par de libros publicados por una editorial menor y ahora se han convertido en policía de la publicación independiente. Ten cuidado, pues estos desalmados examinarán tu primer libro con saña y te compararán con los autores consagrados para ponerte a parir en sus foros donde el resto de las haters-sanguijuelas se reúne. Aléjate de esos foros y blogs pues aunque hoy te eches unas risas al sacarle el cuero al prójimo, el próximo "descuerado" puedes ser tú.

Yo tengo oportunidad de trabajar con autores primerizos cada día y si encuentro algún error flagrante no dudo en comunicárselo para ayudarle a subsanar el problema. Pero estos blogueros se dedican sistemáticamente a encontrar los problemas que hay en tu libro y a escribir reseñas incendiarias que comparten con una audiencia de zombis descerebrados que amplifican el veneno y pueden destruir la moral de cualquier autor que está empezando.

Lo que pasa aquí es que en tu caso lo haces todo tú mismo: escribir, corregir, maquetar, publicar… y estos son tus primeros libros, así que estás aprendiendo y vas a cometer errores. Tu libro no será cómo el de los autores consagrados que han escrito mucha bazofia casi en el anonimato para luego ser "contratados" por una editorial que tiene un equipo de veinte personas trabajando para presentar el producto más vendible que pueden conseguir; y no es justo que gentuza cómo estos malos influencers y bloggers se ensañen contigo por no entregar el mismo producto que una compañía millonaria.

Con mi primer libro tuve la experiencia horrible de toparme con esta gente, pero también encontré a gente maravillosa cómo Tomás, un blogger de Galicia que al ver el desastre de mi primera edición me envió por privado un informe de varias páginas con consejos y correcciones que me ayudaron a mejorar mi trabajo "Mogollón" (Mogollón significa una enorme cantidad de algo) y con sus consejos me alentó a seguir escribiendo. Tomás me enseño una enorme lección de humildad y fraternidad ese día y esa es la regla que sigo desde entonces: si encuentro algo que corregir en el libro de alguien lo trato directamente y por privado con el autor. Nunca dejo reseñas negativas de ningún libro. **Si no tengo nada bueno que reseñar de un libro, no reseño nada.**

Los auto-publicados se esfuerzan mucho por dar el mejor producto que pueden, si no me gusta el libro o no conecto con ese material, me callo la boca y voy a leer el siguiente.

Y recuerda que una reseña habla mucho más de aquel que deja la reseña, que de aquel o aquello a quien la reseña va dirigida.

Estas son algunas de las reflexiones que puedo hacer sobre el tema, son personales y no están escritas en piedra ni son una ley a cumplir, solo me sirven para avanzar y espero que también te sirvan a ti. En el próximo video hablaremos sobre algunas estrategias de marketing que de verdad funcionan a la hora de vender tu libro

Súper-recomiendo:

Si te gusta la lectura, debes visitar el Blog de Tomás Rivera: https://kindlegarten.es/

Video 10

Clave 8: Marketing para autores. Vendiendo libros con estrategias que si funcionan

Pasarte horas en las redes sociales, participar de grupos de promoción para autores o pagar a supuestos "publicistas" que prometen hacer llegar tu libro a miles y miles de "lectores"…

¡Ya basta de perder tu tiempo y tu dinero! Toma el control de tus campañas de publicidad y entiende qué es lo que tienes hacer a cada paso.

En verdad es totalmente frustrante intentar encontrar una técnica de promoción de tu obra que funcione entre tanta morralla y humo. Siendo escritor he visto cómo muchos intentan vender métodos y estrategias que son sólo copias de cosas que encontraron en internet y que jamás probaron.

En este video intentaré darte una serie de ideas coherentes para que puedas poner tu libro frente a tus lectores ideales y que vendas más.

No aludas al "QUÉ", alude al "PORQUÉ"

Una carrera de escritor se fundamenta básicamente en escribir libros; y luego hacer que los lectores que se beneficiarán de lo que escribiste puedan acceder a ellos. Los siete pasos claves que hemos descrito hasta ahora en esta serie de videos, son la base para que cuando te decidas a publicar y publicitar tu libro no te estampes contra una pared.

El último paso es quizás el que más dolores de cabeza nos provoca:

Hacer que el mundo conozca tu obra, vender muchos libros y ganarte la vida con esta profesión para comprar tiempo y seguir escribiendo.

Comercializar nuestras obras literarias (nuestro bebé) como un producto es difícil, muchos sienten que sus libros no dan la talla, muchos temen la reacción de los lectores y otros muchos aún no estamos fortalecidos lo suficiente para encajar críticas duras sobre nuestra amada creación.

Si sólo deseas escribir y nada más; si no estás dispuesto a encarar todas las horas de interacción con tus lectores y dedicar mucho tiempo a aprender y mejorar tus habilidades de venta, quizás deberías buscar una editorial que lo haga por ti... Suerte con ello.

RECUERDA: Estas estrategias están dirigidas a autores con plataformas pequeñas o casi inexistentes, y sobre todo a autores que centrarán la mayor parte de sus esfuerzos en el mundo digital. Si estás decidido a actuar a la antigua y vender tu libro pueblo por pueblo y librería por librería, sigue leyendo pues alguno de los consejos que te doy pueden ayudarte también.

No necesitas usar todas las técnicas que lleguen a tus manos, si lo haces puedes caer en lo que se llama "Parálisis por Análisis" donde sientes que todo debe encajar perfectamente para triunfar y cuando los resultados no cumplen con este estándar, te paralizas pues ya no sabes qué más hacer. Elije las técnicas y estrategias que mejor se adapten a tu personalidad y a tu obra y repítelas hasta ser un maestro y hasta que los resultados sean magníficos. En ocasiones nos toma una enorme cantidad de repeticiones para entender cómo funciona una estrategia y aplicarla correctamente, pero no te obsesiones con los atajos. **Busca los métodos de promoción en los que tienes algún resultado**, con los que te sientas cómodo y aprende a hacer que funcionen al 100% antes de agregar un nuevo método a tu caja de herramientas. Pero no te obsesiones con "métodos maravilla" que funcionan para otros autores pero que, después de probarlos tú mismo, no te han dado ningún resultado. Trabaja en lo que funciona para ti y tu audiencia.

Recuerda que "Posicionar" tu libro, no es lo mismo que "Promocionar" tu libro, y tampoco es lo mismo que Vender tu libro.

Una campaña de promoción centrada en tu lector ideal

Toda campaña de promoción debe centrarse en lo que tu potencial lector obtiene, el beneficio real que él o ella sacarán de leer tu libro. Todos tus esfuerzos estarán dirigidos hacia tu lector, es para ellos, no para ti.

Cuando hablamos de promocionar tu obra, hay dos aproximaciones a la campaña de marketing que deberías entender y utilizar: Acciones gratuitas de promoción y Acciones promocionales de pago.

Intentaré hacer una lista concisa y práctica de acciones y elementos que toda campaña de publicidad debería tener para funcionar, pero deberás ser tú quien luego investigue en cada una de las áreas para aprender cómo llevarlas adelante, de otra manera este libro sería interminable.

Si sólo sacas una idea de todo este libro, el tiempo empleado habrá valido mucho más que estar viendo una hora de video con la nueva técnica atajo en el canal de YouTube: "Hazte rico vendiendo libros".

El marco de referencia temporal de una campaña clásica para la promoción de tu libro

Antes de empezar a publicitar tu libro:

Escribe los tres objetivos principales en los que te centrarás en tu campaña

Planifica la duración de la campaña.

Planifica el tiempo que dedicarás cada día para trabajar en tu promoción.

Identifica 5 influencers principales (o 10) en tu género o nicho.

Identifica a los bloggers, youtubers, en tu género y nicho.

Busca todos los Hashtags relevantes para tu libro y tu nicho o género. Los usarás en tus publicaciones en redes sociales.

Crea un grupo de lectores cero o beta y contacta a potenciales reviewers editoriales

Acciones gratuitas de promoción

- Usa los días gratis de Amazon, al menos los primeros tres meses. Permite a Amazon saber quién es tu lector ideal y alimenta la red neuronal con el perfil correcto de lector potencial. Estos libros gratis también te sirven para ganar las primeras reseñas.

- Si tienes una serie crea un reader magnet y pon el primer libro de la serie a 0,99 o permafree, para eliminar las barreras de precio y alentar a que nuevos lectores se animen a leer el primer libro de la serie. Si este libro les gusta y has dejado un *cliffhanger* al final, es muy probable que compren el siguiente.

- Crea una lista de correos, comparte valor con tus lectores, crea un newsletter, regala algo a cambio de la autorización para contactarlos por email. Al principio no vendas tu libro a tu lista, aporta valor, interactúa, regala capítulos extra, relatos y sólo cuando llegue el día del lanzamiento contáctales para avisarles de tu oferta de lanzamiento exclusiva para ellos. Cuida a tu lista y tus lanzamientos serán épicos.

- Ofrécete a youtubers, bloggers, instagramers, medios de comunicación e influencers en tu nicho / genero, para crear posts, ser entrevistado, dar seminarios virtuales y menciona tu libro de pasada.

- Crea un canal de YouTube donde compartes tus soluciones, tus contenidos o temas relacionados con tu obra de ficción, lee párrafos de tu libro, crea contenidos que interesen a tu audiencia y preséntate cómo el autor del "libro tal"... Haz un video de presentación de tu libro.

- Crea tu web de autor y mantenla actualizada; agrega contenidos, interactúa en tu blog, responde todos los comentarios.

. Actualiza tu Author Page en Amazon.

-Redes sociales, Ten cuidado con esto. Inviertes horas y horas en las redes sociales y terminas con una sensación de trabajo hecho, pero luego los resultados no llegan. Hoy por hoy las redes sociales no muestran tus publicaciones a todos tus contactos y seguidores, debes pagar para eso. Al mismo tiempo si crees que puedes unirte a un grupo de Facebook y empezar a promocionar tu libro el primer día, vas a perder el tiempo. Otro consejo, no pierdas el tiempo con grupos de otros autores, ellos no son tu público objetivo. En redes sociales cuando compartas algo, busca dar valor relacionado con tu libro o busca motivos para celebrar acerca de algo bueno que pasó con tu libro (reseñas, entrevistas, menciones en medios de comunicación, etc.) haz que tus lectores se sientan parte de tu viaje.

- Poco tiempo antes del lanzamiento, crea un evento para "Revelar la Portada"

- Joint Ventures. Una vez que tengas una base de seguidores busca a otros autores del mismo nicho / género, que escriban obras de calidad y ofrece promocionar su lanzamiento a tu audiencia, si él promociona tu lanzamiento entre su audiencia.

- Participa en publicaciones conjuntas cómo packs, compilatorios y antologías; escribe relatos cortos y hasta notas para periódicos. Tu oficio es escribir, pues hazte conocer escribiendo.

Acciones promocionales de pago; (no tengo comisión o afiliación en ninguna de estas plataformas... Pero acepto tickets por sándwiches de salami)

Amazon Adds, la más obvia. Tus lectores están aquí activamente buscando comprar. *La curva de aprendizaje es alta.*

Facebook Adds, (con Instagram incluido) tus lectores se juntan aquí pero no vienen a comprar, aunque agradecen contenidos de valor. *La curva de aprendizaje es también alta.*

Crea una lista de email marketing: Debes investigar y aprender este tema en profundidad, pero básicamente éste método consiste en entregar una información o un material de gran valor a tu audiencia potencial a cambio de que te autoricen a agregar su email en tu base de datos. Con esta autorización creas una serie de emails en los que contactas cada cierto tiempo con tus potenciales lectores y aportas valor a su día a día, creando una especie de relación mucho más personal que con las redes sociales. En el momento de tu próximo lanzamiento y de manera muy natural, informarás a tu audiencia de la oferta especial que tienes para tus lectores VIP (ellos) y pedirás que interactúen con tu libro. Si tienes mil personas en tu lista y el día de lanzamiento cien compran tu libro, eso activará el algoritmo de Amazon y venderás más.

Ebrolis.com: Esta plataforma es la única que puedo recomendarte además de las enormes redes sociales, pues además de un servicio al cliente muy dedicado, realmente te ofrecen resultados. Sus promociones están dirigidas a lectores reales, que descargan y compran tus libros. Usa este recurso para amplificar esos días de promoción especial con descuentos o los días free de Amazon.

No te conviertas en un vendedor de puerta a puerta, no satures tu red de contactos con mensajes "¡Compra mi libro! ¡Compra mi libro!" Aprovecha la conexión con tus lectores para aportar más valor y mejorar sus vidas; permite que estén esperando tu próxima comunicación y no enviando tus emails a la bandeja de Spam.

*Una nota al pie: Ninguno de estas estrategias de promoción funcionarán si tu libro **no es el mejor** que*

Siete veces siete

Una de las leyes de mercadotecnia más difundidas dice que para que alguien confíe en ti al punto de comprar tu producto o tu libro, **debe ver tu producto o tu marca al menos siete veces**. Así que tu campaña de promoción debe centrarse en poner tu libro delante de tu lector potencial tantas veces cómo sea necesario para que entienda su valor y se decida a comprarlo.

Una secuencia que me ha funcionado:
Secuencia de promoción de tu libro si eres un autor novel sin plataforma.

1. Escribe el mejor libro posible pensando en tu audiencia.

2. Crea una web de autor con espacio para interactuar con tus lectores. Empieza a crear una lista de emails en mailchimp con un reader magnet + landing page en tu website.

3. Decide cuándo vas a lanzar tu libro, crea un calendario. El trabajo de promoción debería empezar no menos de dos meses antes.

4. Decide si tu lanzamiento será en un lugar físico o un evento virtual. Planifica que acciones y que secuencia

de eventos conformarán tu lanzamiento. Haz un calendario.

5. Crea un grupo de lectores 0 entre tus seguidores, cuando tengas el libro terminado debes enviarle tu libro para que lo hayan leído para el día del lanzamiento. La idea es que puedan descargar el libro desde Amazon el primer día y dejar una reseña.

Antes del lanzamiento.

Si decidiste poner el libro en pre-venta en Amazon, este el momento.

Dos meses antes del lanzamiento:

6. Ya debes pertenecer a un grupo de Facebook, Twitter, youtube, Linkedin, Meetup, etc... Comenta, participa, interactúa, no vendas tu libro, solo menciona naturalmente que estás escribiendo un libro. (Si tu libro está en preventa puedes anunciarlo)

7. Contacta a tus seguidores y contactos en redes sociales, tu lista de email, y cuéntales también que estás escribiendo un libro. Muestra tu entusiasmo, comparte tu viaje. (Si tu libro está en preventa puedes anunciarlo)

Un mes antes del lanzamiento

8. Contacta a los influencers y a los medios de comunicación. Pregunta si puedes enviarle tu libro, no

lo envíes sin más. Sólo envía el libro impreso a los influencers importantes, nunca sabes si van a ponerlo en la biblioteca y van verse de fondo en videos, fotos, etc. Envíaselo envuelto para regalo, que el paquete destaque, con lazos y papel brillante, que te pongan primero en la pila, esa gente recibe mucho correo. Buscas que uno o dos de estos influencers con gran audiencia se fijen en tu libro y lo comenten.

9. Contacta con otros autores, para hacer promociones cruzadas de sus lanzamientos.

10. Blog Tour: Ofrécete a youtubers, podcasters, bloggers, para hacer guest posts, seminarios, entrevistas.

15 días antes del lanzamiento.

11. Cover reveal con una página de aterrizaje en tu web. Haz mucho ruido en las redes con esto.

12. Si hiciste un book trailer es la hora de empezar a moverlo en tus redes y grupos. Agrégalo a la landing page de tu web.

13. Prepara un giveaway con KingSumo o GoodReads y que termine el día después del lanzamiento.

2 Días antes del lanzamiento:

14. Soft Launch: Pon tu libro gratis por uno o dos días en secreto, sólo para que lo descarguen los clientes de

Amazon y los de tu grupo de lectores 0, una vez descargados pueden dejar una reseña. Además el algoritmo de Amazon (la red neural) verá con claridad quien es tu lector potencial ideal por el perfil de quien descargue tu libro los días gratis.

15. No esperes muchas reseñas, pero comunica a tu grupo de lectores 0 que es el momento de hacerlas. No insistas, nadie debe sentirse comprometido u obligado, solo te interesan las reseñas de personas que desean dejarlas.

Día del Lanzamiento

16. Es el momento de poner toda la carne en el asador. Hoy debes llegar a todos tus contactos, los que han estado recibiendo tu información todo este tiempo. Hazles saber que tu libro ya está disponible.

17. Pon tu libro a 0,99 solo un par de días y avisa a todos que el precio aumentará a su precio normal en...

18. Crea un evento en vivo en Facebook, en YouTube para hablar de tu libro por 10 o 15 minutos y luego cuelga el video en tu canal para que esté disponible. Avisa a tu lista de seguidores, interactúa, contesta preguntas o simplemente habla de tu libro con entusiasmo. No te extiendas y regala algo al final, promociona tu giveaway, haz un sorteo...

19. Aprovecha el lanzamiento a precio reducido para

hacer una promoción con Ebrolis o Bookbub.

Luego del lanzamiento

20. Sólo mira tus ventas una vez al día. No te obsesiones.

21. Continúa trabajando con tu audiencia, tu lista de correos electrónicos, y seguidores en las redes sociales. No te pongas pesado con el "¡Compra mi libro! ¡Compra mi libro!"

22. Haz un calendario de tus Blog Tours y promociona con tu audiencia y redes cada evento. Busca la manera seguir entregando valor a tu comunidad, Facebook Groups, etc.

23. Usar el resto de tus días gratis en Amazon, primero dos, luego el último que queda. Esta vez anúncialo a todos a bombo y platillo.

24. Sigue usando tu reader magnet para hacer crecer tu lista de emails. Nutre tu lista con contenidos valiosos para ellos hasta que llegue el momento de lanzar tu próximo libro.

25. Vuélvete un experto en promociones pagadas de Amazon Adds. Si tu presupuesto es reducido, plantéate hacer una promoción al mes para mantener las ventas y enseñar a Amazon quienes son tus compradores potenciales. En Amazon la gente va a comprar, en Facebook la gente busca entretenerse.

26. Tu mejor herramienta de marketing es tu próximo libro. Escribe tu próximo libro y publícalo lo antes posible. Si puedes en los próximos 3 meses.

27. Repite este proceso con cada lanzamiento y mantén el impulso, aumentando el volumen de tu audiencia con cada lanzamiento.

Si ya lanzaste tu libro, y deseas herramientas para promocionarlo, estoy seguro que puedes adaptar estos pasos y estas estrategias para crear un nuevo lanzamiento sin saturar a tu audiencia ni bombardearla con mensajes repetidos.

He intentado ser sincero y abierto sobre las acciones de marketing que han funcionado para mí. Ahora te toca investigar y probar si funcionan para ti.

Si crees que dejé fuera alguna técnica básica, compártela en los comentarios del video para que todos podamos seguir aprendiendo.

En el próximo video compartiré contigo la lista de los diez libros en español que más me inspiraron y de los que más aprendí a la hora de encarar al monstruo de la Auto publicación Independiente.

Video 11
10 libros para aprender todo lo que necesitas saber sobre cómo ser un Escritor Indie

Si sabes que todavía necesitas aprender mucho sobre cómo ser un Escritor independiente. Hoy compartiré contigo mi lista de 10 libros indispensables que te ayudarán a subir al próximo escalón en tu carrera.

El alimento de mi oficio

Durante muchos años leí todo lo que caía en mis manos sobre este tema que me apasiona, buscando siempre libros en castellano pero también tuve aprovechando la oportunidad de leer mucho sobre el tema en inglés en mis años viviendo en la pérfida Albión. Lamentablemente también encontré mucha morralla en ambos idiomas, mucho rejunte de ideas no puestas en práctica, de autores que no conocen el tema y lo único que intentan es vender un libro para un nicho que no les apasiona ni entienden.

Mi lista de hoy está basada en libros que personalmente leí, que me enseñaron mucho y obras en las que sus autores son verdaderos expertos en los temas que tratan.

Nada de morralla, esto es compango del bueno.

10+1 libros de auto publicación en castellano que debes leer.

1- Autor Rico, Autor pobre: 50 razones por las que algunos autores venden muchos libros y otros no – Marc Reklau

Este libro te abrirá los ojos, lleno de ideas y consejos dados desde la humildad y la experiencia. **Un libro Imprescindible.**

2- Triunfa con tu libro: Cómo publicar y vender tu libro con éxito. Ana Nieto Churruca

Una guía completa y paso a paso sobre cómo publicar tu libro. Una **referencia en el mercado y un libro necesario** para entrar en el mundo de la auto-publicación independiente. (Mira también su nuevo libro 1000 palabras al día, un concepto muy interesante)

3- Cómo he vendido 500.000 ebooks – Enrique Laso. Un libro que se lee de una sentada; **impactante, y revelador.**

4- Conviértete en un escritor superventas - Javier Cosnava Directo al grano y hablando claro. **Me abrió los ojos** de mil maneras distintas.

5- Vivir de escribir – Javier González. Una **guía muy completa** y con muchos recursos.

6- 70 trucos para sacarle brillo a tu novela: Corrección básica para escritores Gabriella Campbell. Antes de enviarle tu libro a un corrector, debes leer este **pequeño tesoro.**

7- Maquetar un eBook en tiempo record -Marta Fedriani. Para maquetar tu libro en Sigil, un poco más avanzado pero con **enorme sencillez** explica muchos conceptos que debes conocer.

8- Imperio Freelance – Laura Lopez Fernandez. No habla específicamente sobre publicación de libros, pero el enfoque de negocios para creativos es **brutal y te ayudará a entender** el concepto que siempre repito: "Escribir es un arte, publicar es un negocio"

9- Ortografía y Gramática para escritores y curiosos de Gerardo Medina Vidal. Esencial y muy práctico. **Necesitas este libro.**

10- Lanzamiento Exitoso de Checko Martínez. También **lleno de recursos y experiencias**. Muy recomendable.

¡Y ahora una dosis de SPAM!

11- Portadas Perfectas de Pablo D. Rodríguez – Este libro me suena… **Un cuelgue épico lleno de secretos sobre el Diseño trágico y la auto-publicación independiente.** Un libro que publiqué hace cuatro años y que espero actualizar nuevamente muy pronto. Tiene pocas páginas y muy buenas críticas. Viene en dos sabores: castellano pasión e inglés posh; y con envío a domicilio. ¿Dónde se vende? Pregunte en el mostrador ubicado en el hall del teatro :-D

Estos son los 10 libros sobre auto-publicación en castellano que me han ayudado e inspirado, pero me he dejado dos **libros en inglés** que también considero imprescindibles en este tema:

- Guerrilla Publishing,
  por Derek Murphy
  Un libro que te abrirá los ojos
  y que puedes conseguir gratis.
  https://www.creativindie.com
  /guerrilla-publishing/

- READER MAGNETS
  de Nick Stephenson
  Gratis en este enlace.
  https://www.yourfirst10kreader
  s.com/download-reader-
  magnets-new

En el próximo video hablaremos sobre un tema que nos toca a todos más a menudo de lo que admitimos: cómo recuperar la inspiración, la concentración y la motivación que necesitas para hacer todo el trabajo sin perder tu alma en el proceso.

Video 12
Motivación e inspiración: Cómo recuperarte cuando las musas te abandonan

¿Ya no tienes ganas de escribir? ¿Deseas abandonar tus acciones de marketing pues te tienen más quemado que la moto de un hippie? En este video compartiré contigo las ideas que mejor funcionan para mí cuando las musas me abandonan.

10 fuentes de inspiración: ser más creativo, ideas para recuperar la inspiración

1 - Cuida el cuerpo primero: El beneficio del ejercicio físico para la mente y las ideas está casi siempre muy infravalorado. Tu nivel de inspiración siempre estará a la altura de tus niveles de energía. Dieta sana, sueño profundo, algo de sexo si tienes la edad, buen descanso. Olvídate del escritor atormentado, fumando como un sapo concho frente a la máquina de escribir. Busca un balance y encuentra la forma de desintoxicar tu vida física, mental y emocional. Ya verás cómo "te llegan" las ganas de escribir si te sientes bien en tu cuerpo. Habrá malas rachas, *"of course, my dear"*, pero no te instales en ellas.

2 - Cuida tu entorno diario. Ordena tu escritorio, pon una planta en la ventana. Haz la cama por la mañana,

lava los platos, aféitate… Sobre todo: Apaga el televisor y las noticias.

3 – Cambia tu entorno diario, sal a pasear por la avenida, por el río si lo tienes, no te propongas escribir ese día, solo activa tu modo de "Visión de Escritor" y observa, habla con gente que no conoces, mejor aún: escucha a gente que no conoces; sí, escucha, no estés esperando a que el otro termine para hablar tú.

4 - Termina tus trabajos primero y luego date una recompensa. "Si termino esto… Entonces…"

5 – Lee mucho. ¡Lee, por el amor de las musas! Y no vale escuchar un audiolibro… Lo que necesitas es volver a disfrutar leyendo, apartado de tus tareas diarias y sin hacer otra cosa al mismo tiempo como cuando escuchas un audiolibro. Lee, por ejemplo, los libros que te recomendé en el video anterior. Lee libros en tu categoría y género. Lee mucho y disfrútalo.

6 – Confía en tu propio criterio cómo artista, si siempre estás buscando opiniones de otros acerca de si lo que escribes es bueno, es hora de que dejes de hacerlo. Investiga, aprende, compara y ponte a escribir, pero no busques validación durante el proceso.

7 – Busca la manera de entrar en un Mastermind de escritores, pero cuidado: Lo importante es que sea un grupo de gente que busque ayudarse entre sí para avanzar en sus respectivas carreras y que compartan lo que saben con el grupo para crear sinergias, para aumentar la inspiración, para que todos dentro del

grupo puedan ver que sí es posible lograr sus metas. Ten mucho cuidado con los grupos de "escritores de postureo" y esos grupos donde todos sacan y nadie aporta. No te interesa pertenecer solo por pertenecer. Y ten en cuenta algo muy importante: cuando vayas a las reuniones, no te quejes, abandona la queja en la entrada, estás ahí para aprender y compartir tus conocimientos, repito: niégate a ser una víctima, no te quejes, no te lamentes, usa ese tiempo para reconectar con tu poder personal y con la inspiración.

8 – Somos el resultado del promedio de las 5 personas con las que más tiempo compartimos. No te juntes con personas que te quitan energía, huye de los vertederos emocionales y las charlas con amigos sobre los problemas eternos. La gente puede pasar malar rachas y los amigos estamos para apoyarnos entre nosotros en los momentos malos. Pero hay gente que nos usa cómo cubo de la basura emocional y jamás tienen algo bueno que contar. ¡Huye!

9 – Si estás escribiendo solo por ganar dinero, probablemente estarás matando toda la creatividad natural que tienes y la felicidad que trae consigo el escribir sobre algo que en verdad te entusiasme. Escribe sobre lo que te apasiona, escribe lo que a ti te gustaría leer, escribe textos cortos al principio, termina las historias cortas primero y luego de que encuentres tu voz y el género en el que te apasiona escribir, si sientes que debes hacerlo, inténtalo con una novela o un gran manual sobre tu expertise profesional.

10 – Por último me gustaría recomendarte algo que me ayudó mucho personalmente. De vez en cuando deja todos tus trabajos cotidianos y has actividades en las que sientas que se detiene el tiempo. Medita, entrena artes marciales, ve a nadar, haz el amor... Encuentra esa actividad en la que no tengas que hablar ni pensar, solo actuar, dejando que el cuerpo tome el control y apagando la mente. En ocasiones puede ser barrer el patio, otras veces es darte un baño, ocuparte del jardín o lavar el coche, hacer maquetas o grabar el próximo hit Lo Fi con tu mezcladora, cocinar para alguien a quien amas, o preparar una velada con velas y vino sólo para ti. Hay miles de actividades y hobbies posibles, pero lo importante es estar presente en eso que haces, cuando lo estás haciendo. Encuentra tu conexión a tierra y verás que tu productividad aumenta cada día.

Pantsers vs Plotters: Escribir inspirado o planear cada detalle

Cuando hablamos del acercamiento que los autores elegimos a la hora de crear nuestros contenidos, ya sea una historia ficticia nacida de nuestra mente, o un estudio estructurado sobre algún tema profesional e inclusive unas memorias que tomamos de nuestros recuerdos casi olvidados; debemos tomar la decisión acerca de si vamos a crear primero una estructura guía con cierto detalle, o simplemente nos sentaremos a escribir y confiaremos en "lo que vaya saliendo"

Esto último es lo que marca la diferencia entre si eres un escritor Pantser o Plotter, dicho en inglés, lo que traduciríamos cómo: Escritor Planificador (Plotter) o Escritor de fondillo en la silla (Pantser).

Un escritor Pantser se despierta con una idea que "rumia" durante algún tiempo, hasta que decide sentarse a escribir, entonces prepara su brebaje preferido, corta todas las distracciones e incluso pone música de André Rieu de fondo (en mi caso Jo Blankerburg o Piotr Musial). Una vez todo está preparado, sus dedos empiezan a golpear el teclado con la fuerza de las propias ideas hasta que se vacía y expresa todo lo que había estado guardando en su alma para esa sesión. Algunos días, ni siquiera tiene una idea en la cabeza, solo se sienta en su rincón de escritura preferido y da rienda suelta a lo que se le ocurre en ese momento. La clave para identificar a un Pantser es que no tiene papeles, notas ni cuadernos cerca del teclado, no los necesita pues toda su producción nace de la inspiración que ha ido rumiando en las horas en las que no estaba escribiendo y no desea conocer el producto final de su trabajo con antelación.

Un escritor Plotter empieza su producción literaria con una idea inspirada, pero al contrario del Pantser no se dedica a escribirla de inmediato. En cambio dedica muchas horas a crear una línea de tiempo por capítulos, planeando con cuidado dónde y cuándo sorprender al lector, hace fichas de personajes y llega a conocerlos tan bien que siente que son personas reales y cercanas; visita los escenarios donde tendrá lugar la acción y toma notas sobre detalles que le gustaría incluir en su texto. Analiza y revisa cada detalle de cada elemento que menciona en sus escritos, comprobando que la información que provee a sus lectores es exacta y precisa. Conoce dónde y cómo desea terminar su texto, ya sea una historia o un contenido informativo profesional, planeando toda su obra en un crescendo que desemboque en un clímax final que el lector recuerde para siempre. Y todo este trabajo, lo hace antes de haber escrito ni siquiera una palabra del texto que finalmente compondrá su libro.

Te preguntarás ¿qué tiene esto que ver con la inspiración? Pues la respuesta es clara, si no tienes ganas de escribir es probable que no sepas aún cuál de estos dos tipos de autor eres, o hasta qué punto tienes de uno o de otro. Cuando identificamos qué tipo de escritor somos es mucho más fácil crear las circunstancias adecuadas para que "nos entren ganas de escribir"

Por ejemplo yo soy un poco Plotter, me encanta escribir las ideas que surgen durante el día, la noche, un viaje, etc. Antes de empezar un libro necesito hacer una división por capítulos y conocer donde quiero llegar con mi historia. Si puedo visito los escenarios o los busco en Maps. Pero luego de eso, cuando tengo bien planeada la mitad de mi historia, ya no soy capaz de seguir agregando detalles, es tiempo de dejar que los personajes resuelvan la situación a su manera y me digan que tengo que escribir. Ser flexible me ayuda a sentirme inspirado pues ahora tengo en mi cabeza y mi cuaderno una historia que quiero contar con toda mi alma, quiero verla escrita aun cuando no se bien cómo se va a desarrollar y eso me convierte en el primer lector. Me voy a mi cafetería preferida o me levanto antes que el sol y escribo junto a la ventana del patio interior del edificio; y entonces disfruto como un niño escribiendo líneas de acción que no esperaba, cambios de guion que me sorprenden y escenas emotivas que surgen del corazón de mis personajes. ¿Llorar? Sí, muchas veces lloro y me rio mucho mientras escribo. Si no disfrutas escribiendo, si no te emociona lo que estás contando, será muy difícil que tu lector disfrute y se emocione.

Busca tu rincón santo de escritura, hazlo a la manera Pantser, Plotter o en una combinación de ambos estilos, pero encuentra ese momento en que puedas disfrutar haciéndolo y verás cómo la inspiración al final llega.

Organiza tu tiempo
La Técnica Pomodoro fue creada por Francesco Cirillo a finales de la década de los años 80 y es genial para fijarte pequeñas metas o sprints de escritura en los que estarás muy concentrado. ***Y todos saben que la concentración es la antesala de la inspiración.*** Es un sistema que puede ayudarte a usar mejor tu tiempo dividiendo tu tarea en fragmentos o sesiones de 25 minutos con un descanso de 5; cada tres "pomodoros" te tomas un descanso extra de 15 minutos, eso es todo. El nombre viene del

temporizador de cocina con forma de tomate (pomodoro en italiano) que Francesco usaba mientras estaba desarrollando la técnica.

Primero planeas lo que deseas conseguir, luego haces los pomodoros y llevas la cuenta; al final evalúas los resultados.

Es una técnica adaptable a las personas pero ponerla en práctica no es fácil, pues aunque el mecanismo es bastante sencillo, trabajar de esta manera nos obliga a romper con el hábito de prestar atención a todo, todo el tiempo; una forma de trabajar en constante stress que aprendimos durante toda la vida. La técnica busca que puedas apagar todo durante 25 minutos y no prestar atención a nada que no sea una emergencia real, para luego tomar un pequeño descanso y empezar un nuevo pomodoro. Debes programar de antemano cuantos "pomodoros" harás cada sesión y llevar la cuenta en un diario o cuaderno dedicado a esto. También puedes apuntar cuantas palabras has escrito en cada pomodoro y así tener un sentido real de avance en tu trabajo como autor.

*Recuerda: Lo que se mide se puede mejorar,
si no mides no sabes.*

Otros autores llaman a esto sprints de escritura, pero la idea es la misma: Usar el tiempo que tienes para escribir de la manera más eficiente, concentrada y creativa posible. La gran mayoría de los autores, luego de un período para "desengancharse" de las distracciones, encuentran que su tiempo de escritura rinde mucho más y que su felicidad por el trabajo aumenta.

Hay cientos de aplicaciones para el móvil o para nuestra computadora, pero recuerda apagar el resto de notificaciones en esos aparatos para no distraerte en medio de la acción. Muchos autores prefieren comprar un timmer de cocina mecánico en una tienda de todo a cien, más real y más divertido porque hay que programarlo cada vez por nosotros mismos y pueden tener la forma más divertida e inspiradora. (Huevo, cerdito, reloj de arena, hamburguesa… literalmente lo que quieras)

¿Y ahora qué?

El futuro de tu carrera como autor "Indie"

Recuerdas cuando en el primer video hablábamos de mejorar a cada paso:

"Tu primer libro no será tu mejor libro. Tu mejor libro siempre será el próximo libro… "

Pues la mala noticia es que tu primer lanzamiento, no será tu mejor lanzamiento. Tu mejor lanzamiento siempre será el próximo. Así que no te dejes abrumar por los errores ni por las cosas que podrías haber hecho mejor. Buscar que las cosas sean perfectas a la hora de hacer algo sólo demuestra miedo al fracaso o a la opinión de los demás. Te lo plantearé así: Triunfan aquellos que actúan, si no te animas, mueves el trasero de tu zona de confort y haces algo, nunca obtendrás nada. Este oficio no se trata de recibir halagos por el magnífico logro de publicar un libro excepcional; esta vocación se trata de vaciar el alma, de conectar con los espíritus de la inspiración, de tocar el cielo mientras escribes… Y transmitir esos sentimientos a quien te hace el enorme honor de invertir su tiempo en leer tu obra.

Nunca tiene que ver contigo. Siempre fue y será acerca de ellos, tus lectores.

El futuro de tu carrera está en el próximo libro y siempre habrá un próximo libro, aunque tardes en escribirlo. Incluso si tu visión es estructurar tu conocimiento profesional en un único libro que te haga ganar autoridad en tu mercado, siempre aprenderás cosas nuevas y madurarás en tu profesión de manera que desees escribir un nuevo libro.

En uno de los cursos de Nick Stephenson sobre este tema, surgió la pregunta:

¿Cuántos libros necesito para ganarme muy bien la vida como escritor indie?

Las respuestas fueron muchas y todas muy válidas. Unos cuantos, a pesar de haber completado el curso no vendían un pimiento. Pero también estaban aquellos que habían escrito **solo un libro sobre su profesión** y que tenían un enorme acceso a las audiencias de colegas e instituciones. Estos autores, luego de escribir *un muy buen libro*, eran invitados a conferencias, hacían entrevistas en medios masivos y no daban abasto para manejar sus agendas, pues esa notoriedad atraía a cientos de personas interesadas en sus servicios. Por supuesto vivían muy bien de su profesión, pero el libro les había ayudado a darse a conocer. Entiende bien lo que intento decir, hablamos de autores con **un muy buen libro, centrados en satisfacer una necesidad real de sus lectores y posibles clientes**, no en autores de panfletos publicitarios del tipo *"¡Debes comprar mi mierda de servicio, porque yo lo valgo!"*

También me sorprendió encontrar entre las respuestas a muchos autores que se estaban ganando muy bien la vida **vendiendo solo sus libros de ficción en Amazon**. No uno, ni dos autores, eran una pequeña multitud.

A pesar de escribir Ciencia Ficción y publicado varios libros, en mi cabeza no cabía la noción de vivir de escribir ficción. El tema captó mi atención de inmediato y me dediqué a hacer una pequeña investigación para averiguar cuál era **el secreto de estos autores**. Lo que descubrí es que estos colegas **escribían mucho y muy rápido**, publicaban varios libros al año, aprendían con cada lanzamiento para dar a sus lectores justo lo que estaban buscando, exploraban todas las técnicas de marketing ético y "feliz" que se les cruzaban y ponían su libro delante de los lectores correctos cada vez. Claro que trabajaban mucho pero, si les preguntabas nunca sentían semejante empresa cómo una carga; era su pasión y cómo aquél que tiene un hobbie en el que invierte miles de horas para mejorar sus habilidades por pura diversión; estos escritores estaban dispuestos a ir más allá cada vez.

¿Cuál es la fórmula del éxito? Supongo que dependerá de lo que consideres éxito a un nivel muy personal. Para unos es poder dedicarse a lo que aman, para otros es que se les reconozca como alguien importante o de valor, para otros es el dinero, ser prósperos, tener tiempo. Todas las concepciones de éxito son válidas y sobre todo alcanzables, si estás dispuesto a invertir el tiempo necesario con la actitud adecuada y aplicando la información correcta. Pero para eso tendrás que arriesgarte, ser humilde, aprender cada día y hacer cosas, tomar acciones y cometer errores, muchos errores... cientos de errores.

No dejes que el miedo a quedar en ridículo te paralice y apague la llama que, estoy seguro, te quema por dentro cuando sueñas con tu carrera de escritor.

El futuro de tu carrera como autor está al alcance de tu mano; es tu próximo libro.

Y el mundo te está esperando.

Este texto no sustituye en modo alguno al asesoramiento profesional necesario en caso de que los lectores decidan invertir dinero o llevar adelante cambios saludables incluidos dentro de esta obra. Solo tú conoces tu realidad y debes buscar asesoramiento profesional antes de tomar decisiones financieras o que puedan afectar a tu salud.

Los contenidos de este libro y del canal de YouTube han sido creados con el mayor esmero posible y tienen una finalidad exclusivamente informativa sobre el tema. El autor no asume ninguna responsabilidad por la exactitud, puntualidad e integridad de los textos y contenidos proporcionados. Más bien son una guía de recursos personales del autor, compartidas con el ánimo de facilitar y ayudar.

El autor no acepta ninguna responsabilidad por cualquier inconveniente o daño derivado del uso de la información aquí presentada.